Contents

약물이나 심리상담은 보조적인 수단이다. 약물과 상담의 도움을 받으면서 스스로 치료자의 길을 찾아 나설 때 심신의 평화를 찾을 수 있다. 자기-치료(self-care)의 적절한 방법은 개인마다 자신의 상황에 맞는 방법들이 있을 것이다. 나에게 맞는 방법을 찾는 것이 쉬운 일은 아니다. 하지만 '천리길도 한 걸음부터' 반드시 길은 있다.

이 책에서는 스트레스와 자율신경과의 관계, 스트레스가 지속될 때 발생하는 불안, 공황, 홧병 등의 생리기전을 상세히 설명한다. 특히 스트레스 해소를 위한 부교감신경 활성화의 중요성을 강조하며, 일상생활에서 누구나 실천할 수 있는 다양한 활동들을 소개하고 있다.

여기에 자신에게 맞는 길이 있을 수 있으니 꼭 실천 해보기를 권한다.
심신의 평화는 나의 처방에 달려있다!

김미화

머리말

우리는 몸과 마음을 가지고 있다. 몸이 아프면 마음이 고통스럽고 마음이 아프면 몸이 힘들어한다. 그런데 우리의 몸은 누구라도 '생로병사'를 겪어야 하는 숙명을 가지고 있으며, 몸에 병이 없을지라도 마음은 이런저런 이유로 '희노애락'을 느낀다. 그렇기에 누구나 삶이 힘겨울 수밖에 없다.

현대인의 정신건강 상태는 심각한 수준이다. 2023년 기준 우리나라 성인 3명 중 1명 이상이 높은 수준의 스트레스를 경험하고 있으며, 불안장애 유병률은 2017년 대비 70% 가까이 증가했다. 공황장애의 경우 절대적인 수치는 낮으나 증가율이 80%에 달해, 정신건강 관리의 시급성을 보여주고 있다.

그렇다면 우리는 어떻게 대처하면 좋을까? 무엇보다 몸과 마음의 속성을 잘 이해하고 관리하는 것이 중요하다. SNS 등을 통해 수많은 건강정보를 접할 수 있지만, 단편적인 지식만으로는 건강한 생활습관을 실천하기 어렵다. 깊이 있는 앎이 이루어질 때 비로소 실천의 단계로 나아갈 수 있다.

일반적으로 불안이 심해지거나 공황상태에 이르게 되면 병원에 가서 치료를 받게 된다. 이때 처방받은 약물이 불안이나 공황 상태를 완전히 낫게 해준다고 생각할 수 있는데 이는 잘못된 생각이다. 치료의 주체는 약물이 아니라 자신의 의지와 실천이다.

스트레스, 불안, 공황장애 self-care 가이드

부교감신경 활성화!

김미화

도서출판 디자인21

스트레스, 불안, 공황장애 self-care 가이드
부교감신경 활성화!

김미화

I. 스트레스 반응

스트레스는 라틴어 'stringer' 또는 'strictus'에서 유래했으며, '팽팽하게 조인다'는 의미를 내포하고 있다. 심리학적으로는 인간이 심리적 혹은 신체적으로 감당하기 어려운 상황에 직면했을 때 느끼게 되는 불안과 위협의 감정으로 정의되며, 정신의학적 관점에서는 행동 혹은 생리적 적응을 필요로 하는 모든 형태의 자극으로 해석된다.

붓다는 삶을 '고'라고 하였으며, 우리는 탄생에서 죽음까지의 긴 여정을 거치면서 매 순간 스트레스와 공존한다. 스트레스는 성장의 원동력이 되기도 하지만, 때로는 심신의 독이 된다. 급변하는 현재를 사는 많은 이들이 극심한 스트레스로 다양한 건강 문제를 호소하므로, 스트레스를 이해하고 '어떻게 대처할 것인가'에 관심을 가지고 스스로 관리하는 능력을 갖추는 것이 모든 이의 필수 덕목이다.

우리가 '스트레스'라고 인식하면 우리 뇌는 시상하부(hypothalamus)-뇌하수체(pituitary)-부신(adrenal) 축(HPA axis)의 활성화를 통해 내분비계, 자율신경계, 면역계에 영향을 미치며, 심리적 측면에서는 각성, 기억, 정서에도 변화가 온다. 콩팥 위에 붙어있는 부신(adrenal gland)은 스트레스 반응을 매개하는 곳으로, 바깥쪽 부신피질(adrenal cortex)은 주로 내분비세포로, 중심부 부신수질(adrenal medulla)은 호르몬 분비로 특화된 신경분비세포로 구성되어 있다.

HPA 경로가 활성화되면 부신피질에서 스트레스 호르몬인 코르티솔이 생성되어 혈압을 높이고, 우리 몸을 각성된 상태로 만들며, 일시적으로 에너지를 더 많이 사용하게 된다. 이때 편도체는 뇌간의 청반핵을 활성화하여 노르아드레날린의 분비를 높이고, 이는 교감신경계를 활성화한다. 또한 변연계와 시상하부는 자율신경계, 즉 교감신경을 활성화하여 노아드레날린을 분비하게 된다.

결론적으로 스트레스 관리의 핵심은 시상하부-뇌하수체-부신 축의 활성화로 발생하는 건강문제를 해결하는 과정으로 이해하면 된다.

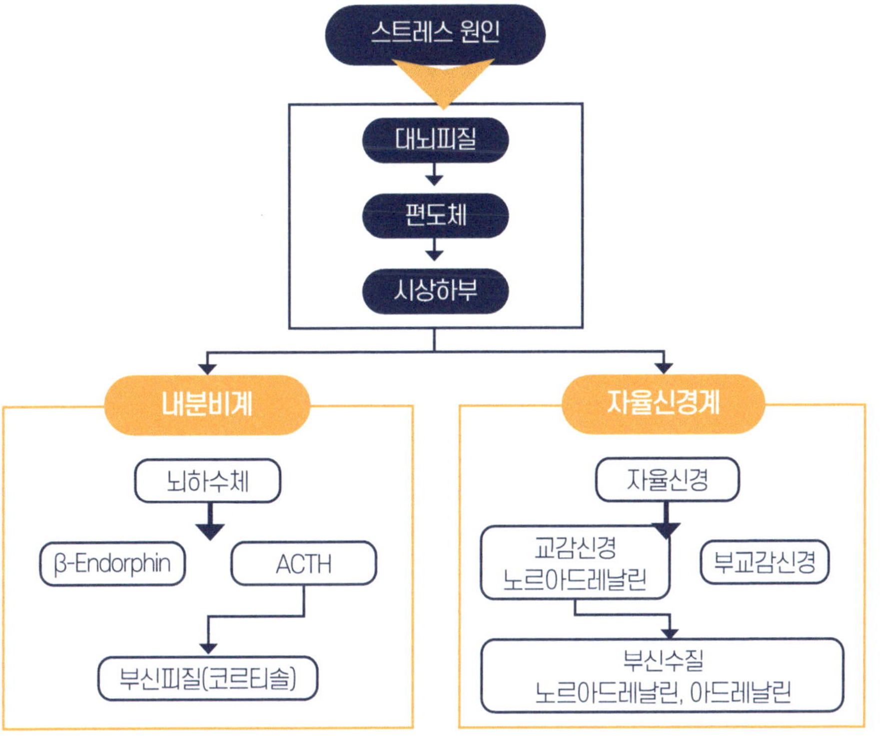

스트레스 반응

코티졸

코티솔은 부신피질에서 분비되는 호르몬으로, 포도당, 단백질, 지방산 대사과정을 조절하는 데 영향을 준다. 또한 기분과 전반적인 몸 상태, 면역세포와 염증, 혈관과 혈압조절, 뼈와 근육, 피부 등 연결조직을 정상적으로 유지하는 데 중요한 역할을 한다.

호르몬은 부족해도, 과해도 문제가 된다. 신체적, 정신적 스트레스를 받았을 때 상대적으로 코티솔 혈중 농도가 증가하는 것으로 알려져 있으며, 만성적으로 코티솔 혈중 농도가 증가하게 되면 교감신경계를 지속적으로 자극하여 과도한 긴장을 초래한다.

코티솔 수치가 장기적으로 높을 때 건강문제

- 불안, 우울 ↑
- 식욕증가, 근육소실, 지방축적 증가 → 특히 얼굴, 복부, 견갑골 사이 비만
- 고콜레스테롤증, 고지혈증, 고혈압
- 인슐린저항성, 혈당 ↑
- 면역 ↓
- 뇌기능 ↓
- 성호르몬 ↓

자율신경계

자율신경계는 내장 기관과 혈관 및 분비선 등의 활동을 조절함으로써 외부 환경에 대한 체내의 내적 환경과 항상성을 유지하는 중요한 기능을 담당한다. 자율신경계는 교감신경계와 부교감신경계로 나뉘는데, 교감신경계는 몸을 긴장하게 만드는 역할(fight or flight response)을, 부교감신경계는 몸을 이완시키고 에너지를 비축하는 역할(rest and digestion response)을 한다.

스트레스 자극을 받으면 부신수질에서 아드레날린과 노르아드레날린이 분비되어 교감신경계가 흥분된다. 이로 인해 심박동수 증가, 혈압 상승, 기초대사율 증가, 정신활동 증가 등의 반응이 나타난다.

자율신경계는 신체의 항상성을 유지하기 위해 교감신경과 부교감신경이 서로 대치하면서 균형을 이룬다. 즉, 스트레스에 노출되었을 때 부교감신경계는 몸을 이완상태로 회복시키는 데 관여하며, 부교감신경이 활성화되면 소화효소 분비가 활발해지고 혈압과 심박동수가 낮아진다.

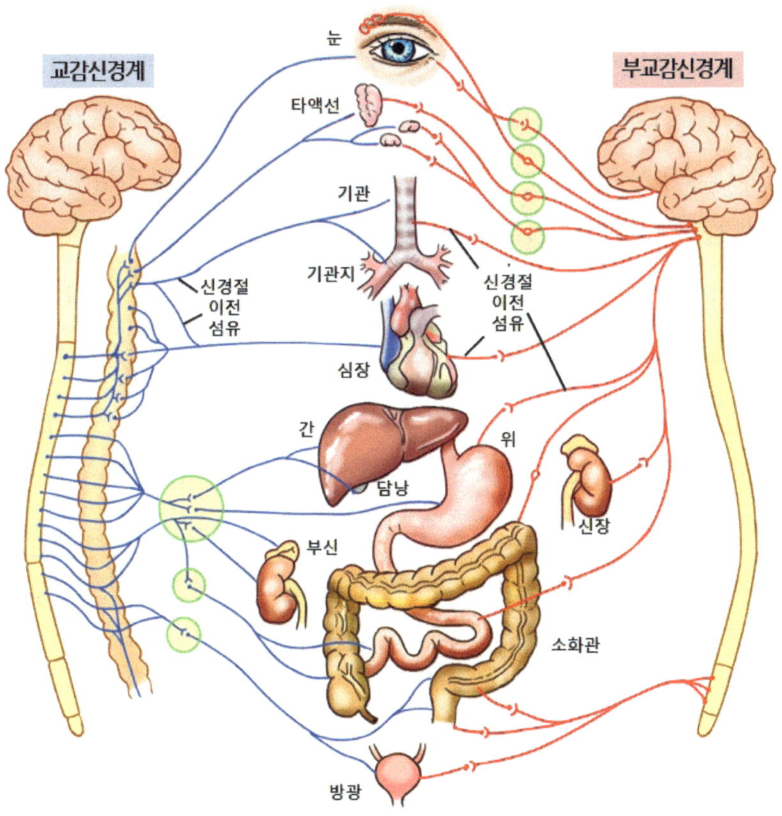

자율신경계

교감신경 활성	부교감신경 활성
심박수 증가	심박수 감소
동공 확대	동공 축소
분비 감소(눈물, 타액 등)	분비 증가(눈물, 타액 등)
소화(장운동) 활동 증가	소화(장운동) 활동 감소
기관지 이완	기관지 수축
방광 이완(소변 보유)	방광 수축(소변 배출)

미주신경(주요 부교감신경)

미주신경(vagus nerve)은 10번 뇌신경으로, '방황하다'라는 뜻의 라틴어 'vagus'에서 그 이름을 따왔다. 뇌에서 장까지 광범위하고 비특이적으로 여러 장기나 조직들과 연결되어 있어 가장 긴 신경으로 알려져 있다. 이 신경은 뇌와 내부 장기 사이의 양방향 통신기능을 담당하며, 자율신경 시스템의 항상성을 조절하는 데 관여한다.

미주신경은 독특한 구조를 가지고 있는데, 신경 섬유의 80~90%는 조직에서 뇌로 정보를 보내는 감각 구심성 섬유로, 나머지 10~20%는 뇌에서 조직으로 정보를 보내는 원심성 섬유로 구성되어 있다.

미주신경은 중추신경계(뇌)와 내장(심장, 기관지 폐, 위장) 또는 체세포(연조직, 입천장 근육, 인두) 사이에서 정보를 주고받는 통로 역할을 한다. 특히 자율신경 중 부교감신경의 정보만을 전달하기 때문에 인체 내에서 부교감신경을 대표하는 신경으로서, 인지, 감정, 장내 분비 및 면역 조절 기능 등에 관여하며, 전도 속도에 따라 A, B 및 C 섬유로 분류된다(부교감신경의 약 75% 담당).

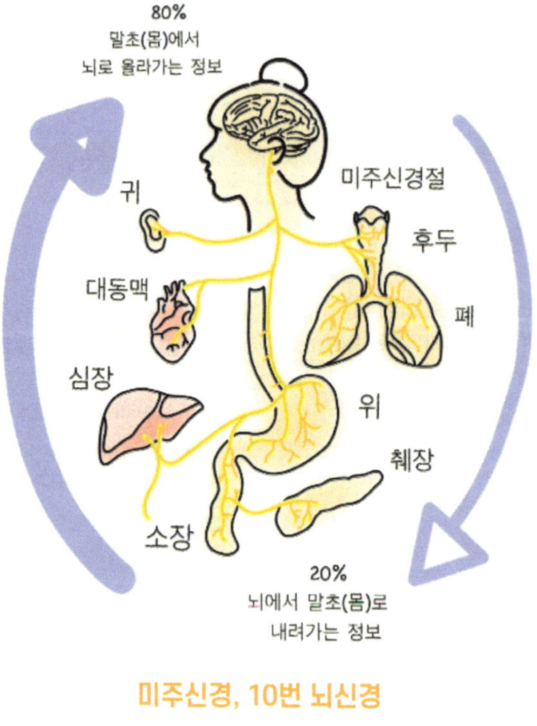

미주신경, 10번 뇌신경

스트레스 상황

- 긴장하게 되고 심장이 두근두근한다.
- 잠이 잘 오지 않는다.
- 입이 마른다.
- 짜증이 난다.
- 혈액순환이 나쁘다.
- 소화(장운동)가 잘 안된다.

스트레스가 해소된 상황

- 마음이 편온하고 짜증이 없다.
- 혈액순환이 잘된다.
- 잠을 잘 잔다.
- 소화(장운동)가 잘된다.
- 집중력이 높아진다.

스트레스와 불안(공황)장애

스트레스 반응으로 교감신경이 과흥분된 상태가 오랜 기간 지속되면 자율신경 조절 능력이 소실 되면서 불안장애가 발생 할 수 있다. 스트레스 사건에 대한 생각을 지속적으로 과다하게 하다 보면 생각하는 것을 멈추기 어려워지고 예민해져 심신이 모든 자극에 민감해지게 된다. 그러다 보면 환경과의 상호작용에서 조절력을 잃게 되고 일상생활이 힘들어지며 불안이 증폭되어 공황상태에 이를 수 있다.

불안(anxiety)

불안은 특정한 상황이나 대상에 대한 걱정과 불편함을 느끼는 감정이다. 일시적일 수도 있지만, 지나치게 지속되거나 과도한 경우에는 불안장애로 발전할 수 있으며, 특정한 원인이 있을 수도 있고 이유 없이 발생할 수도 있다.

불안의 주요 원인은 스트레스와 밀접한 관계가 있으며, 미래에 대한 불확실성, 예상치 못한 상황에 대한 두려움, 과거의 부정적인 경험 등이 있다. 불안 증상은 신체적으로는 두근거림, 땀, 떨림, 근육 긴장 등이 나타나고, 정서적으로는 걱정, 초조, 불편함 등이, 인지적으로는 집중력 저하와 과도한 걱정 등이 나타날 수 있다.

불안이 과도하고 지속적일 경우, 범불안장애(Generalized anxiety disorder: GAD)나 사회불안장애(Social Anxiety Disorder) 등으로 진행될 수 있다. 특히 범불안장애는 최소 6개월 이상 수많은 사건이나 활동에 대해 과도한 걱정과 불안 증상을 스스로 조절하지 못하는 만성적 질환이다. 초조함이나 긴장감, 안절부절, 쉽게 지치는 경향, 집중 곤란, 과민성, 근육긴장, 수면장애 증상 중 적어도 3개 증상이 동반될 경우로 정의한다.

공황장애 (Panic Disorder)

공황장애는 갑작스럽고 예기치 않게 발생하는 강렬한 불안의 발작을 특징으로 하는 정신건강 상태이며, 불안장애의 한 형태이다. 공황장애의 정확한 원인은 불명확하지만, 유전적 요인, 뇌의 화학적 불균형, 스트레스, 불안한 성격 등이 원인으로 작용할 수 있다.

공황발작은 일반적으로 몇 분 내외로 급격하게 발생하며, 심장 박동의 급증, 숨 가쁨, 가슴 통증, 어지러움, 떨림, 갑작스런 불안감 등의 신체적 증상이 나타난다. 특히 발작 중에는 죽을 것 같다는 강한 두려움이 동반되며, 발작 후에도 다시 공황발작이 일어날 것에 대한 두려움이 지속될 수 있다.

공황장애의 치료는 인지행동치료(CBT)와 약물치료(항우울제, 항불안제 등)를 통해 효과적으로 이루어질 수 있다. 특히 인지행동치료는 공황발작의 재발을 예방하고 증상을 관리하는 데 도움이 된다.

스트레스, 불안장애, 공황장애

스트레스와 火(화)

상기

火(화)는 기의 흐름에 불균형이 생겨 기가 위로 솟구치는 현상을 말한다. 한의학에서는 이를 상기(上氣) 또는 심장과열이라 하는데, 기운이 상체로 몰리는 현상을 의미한다. 이는 주로 과도한 스트레스, 불안, 화나 흥분 등의 감정적 요인이나 환경적 요인에 의해 발생한다.

스트레스나 과로가 심해지면 수승화강의 순환이 깨지게 되는데, 특히 머리를 많이 쓰거나 완벽주의적 성향을 가진 경우 기혈이 머리로 몰려 상기증이 잘 생긴다. 주요 증상으로는 얼굴이 붉어지고, 가슴이 답답해지며, 심장이 두근거리고 두통이 나타난다.

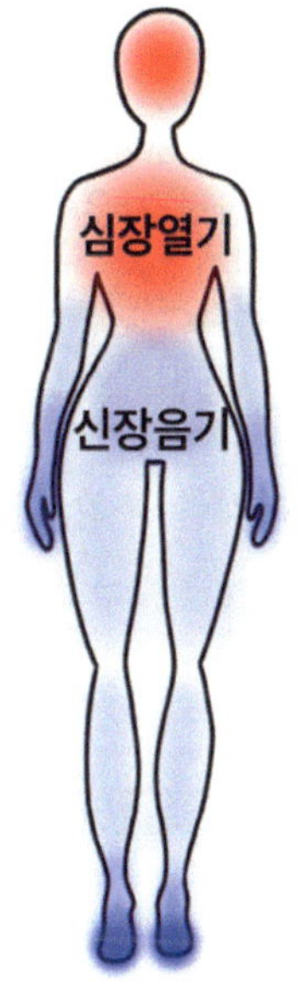

상기, 심신불교

홧병

스트레스로 인한 화난 감정이나 분노를 적절히 처리하지 못하면 심장이 과열되어 홧병이 발생할 수 있다. 한의학에서는 심장을 정신활동의 중심으로 보기 때문에 심장의 과열을 홧병의 핵심 원인으로 본다.

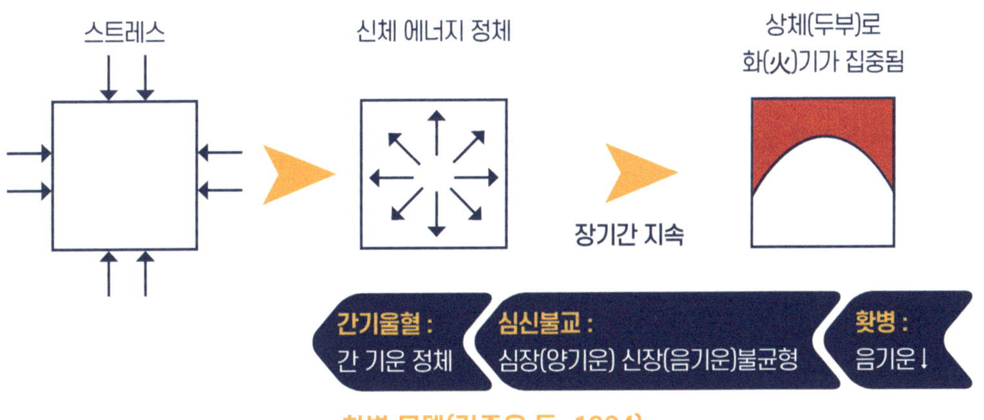

화병 모델(김종우 등, 1994)

간기울결(肝氣鬱結)의 의미

간기울결은 간의 기운이 막혀서 순환이 원활하지 않음을 의미한다. 한의학에서 간(肝氣)은 신체적 기운을 전신에 퍼져 나가게 하는 기능과 함께, 정신적 감정의 억울과 흥분을 조절하는 기능을 담당한다. 스트레스로 인해 간의 기능에 문제가 생기면 기운이 펼쳐지는 기능이 저하되는데, 이를 간기울결증이라고 한다.

이러한 증상은 주로 스트레스, 감정적 억압, 과로, 불규칙한 생활습관 등에 의해 발생할 수 있다.

심신불교(心腎不交)의 병리

심신불교는 심양(심장의 양의 기운)과 신음(신장의 음의 기운)의 생리적 관계에 문제가 생긴 상태를 말한다. 본래 신음과 심양은 서로 도우면서 제약하고 서로 오르내리며 생리적인 평형 상태를 유지하는데, 어느 한쪽이 부족해지거나 왕성해지면 심신불교가 된다. 주요 증상으로는 가슴이 답답하고 두근거리며 불면증 등이 나타난다.

스트레스와 냉증

인체는 전신의 온도를 거의 일정하게 유지하고 있는데, 이는 따뜻한 혈액이 말초까지 순환하면서 열을 공급하기 때문이다. 만약 일정 부위의 혈액순환이 원활하지 않아 열 공급이 제대로 이루어지지 않으면 해당 부위에 냉증이 발생하게 된다.

스트레스로 인해 교감신경이 과흥분되면 혈관이 수축하여 혈액의 흐름이 나빠지고 체온이 내려가게 된다. 또한 스트레스로 상기 증상이 나타나면 열이 상체와 머리에 집중되어 상대적으로 복부와 하체는 차가워지며, 이로 인해 기혈 순환에 장애가 발생한다.

특히 체온이 1℃ 내려가면 대사기능은 12%, 면역력은 30%가 떨어지게 된다.

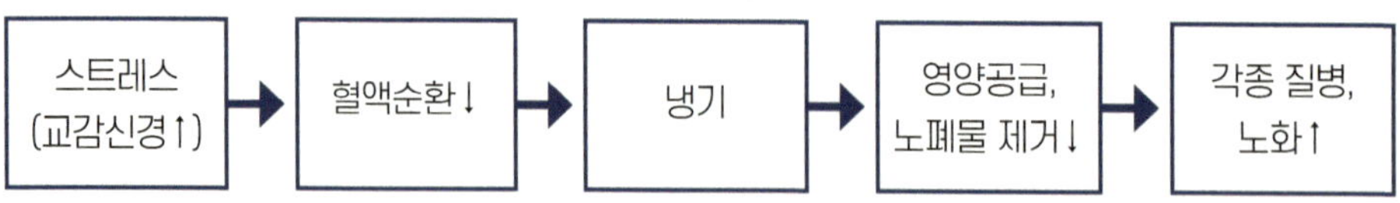

건강한 몸을 유지하는 적정 온도는 36.5℃ 전후이며, 이때 심부(내장)의 온도는 37.2℃ 정도를 유지한다. 만약 체온이 낮다면 생활 속에서 다양한 방법을 적용해 체온을 올리고, 혈액순환이 원활히 이루어질 수 있도록 관리해야 한다.

스트레스와 자율신경실조증

자율신경실조증은 스트레스로 인한 자율신경계의 교감신경 항진 반응으로 본다. 일반적으로 스트레스에 대한 만성적 반응은 자율신경계의 이상을 야기하는데, 이 상태가 지속됨으로 인해 특정 질환으로 범주화되기 전 단계를 자율신경실조증의 상태라고 할 수 있다.

증상

- 심계항진: 의식적으로 심장박동이 증가하고 심계항진 등의 전심부 불쾌감 증상이 동반되며, 긴장이나 피로에 의해 증상이 악화된다.
- 전흉부 통증 : 통증 부위가 고정되어 있지 않고 주로 전흉부에서 발생하며 통증의 성질은 침, 칼, 당기는 듯한 통증 또는 둔한 통증으로 통증의 지속기간은 다양하다.
- 숨가쁨, 가슴 답답함, 호흡 곤란, 종종 창문을 열거나 산소를 흡입하기에 공기가 충분하지 않다고 느끼거나, 환기가 잘 안되거나, 혼잡한 환경에서 발작을 일으키기 쉬우며, 증상이 때때로 밤에 발생하고, 환자는 종종 증상을 완화하기 위해 한숨과 같은 호흡이나 심호흡이 필요하고, 호흡성 알칼리증은 과호흡에 의해 악화될 수 있다.
- 불안, 긴장, 식욕감소, 성욕감소, 수면의 질 저하, 불면, 이명, 다한증, 손떨림, 손발저림, 빈뇨, 빈뇨, 대변 횟수 증가 또는 변비 증상이 있고, 정서적으로 불안정하다.

스트레스 관리 전략

스트레스에 노출되면 우리 몸은 스트레스 호르몬을 분비하고 자율신경계의 교감신경이 과흥분하게 되어 다양한 건강 문제가 발생하게 된다. 따라서 스트레스 관리의 핵심 전략은 크게 두 가지로 나눌 수 있다.

첫째는 스트레스 호르몬의 적절한 관리이고, 둘째는 부교감신경 활성화를 통한 자율신경계의 안정화이다.

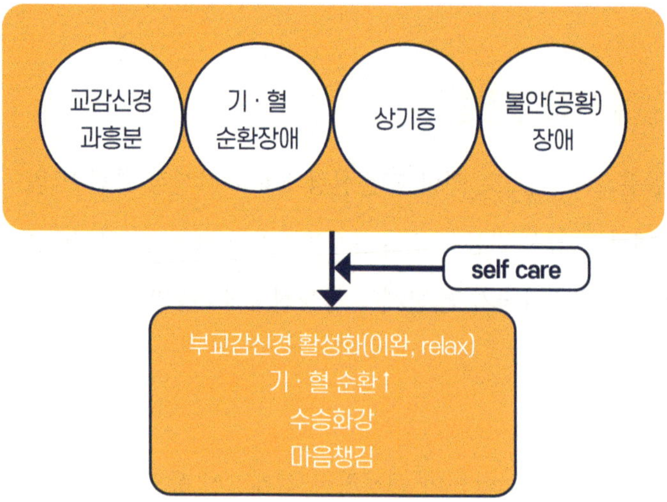

스트레스 자가 진단

스트레스 진단내용	전혀 없음 (0)	가끔 (1)	자주 (2)	매우 자주 (3)
1. 일상적인 활동에 대한 흥미나 즐거움이 감소했다.				
2. 피부가 거칠고 각종 피부질환이 심해졌다.				
3. 수면의 어려움이 있다. (잠들기 어렵거나, 자주 깨거나, 과다 수면)				
4. 피로감과 기운 없음을 느낀다.				
5. 식욕 변화가 있다.(감소 또는 증가)				
6. 집중력이 저하되었다.				
7. 미래에 대해 희망이 없다고 느낀다.				
8. 신체적 증상이 있다.(두통, 근육긴장 등)				
9. 과도한 걱정이나 불안을 느낀다.				
10. 대인관계나 사회적 모임을 회피하게 된다.				
합 계				

0~7점	스트레스 지수 0%, 거의 스트레스를 받지 않는 상태, 지금 그대로 잘 유지한다.
8~15점	스트레스 지수 20%, 약간 스트레스를 받고 있으니 사람과의 교제를 늘리고, 내게 주어진 일을 억지로 맡는 것이 아니라 자신을 위해 한다고 생각하고 임해본다.
16~23점	스트레스 지수 40%, 비교적 스트레스가 심한 편이므로 스트레스의 원인을 찾아서 적극적으로 맞서보자. 적절한 운동과 고른 영양 섭취, 충분한 수면이 필요하다.
24~30점	스트레스 지수 60%, 최악은 아니지만 심한 스트레스를 받고 있으므로 우선 신체 상태에 대한 정기적인 검진을 하고, 스트레스의 원인을 찾아 줄이기 위한 적극적 대책이 필요하다.

- 본 평가는 참고용이며, 정확한 진단을 위해서는 반드시 전문가와 상담이 필요함.
- 2주 이상 증상이 지속되거나 일상생활에 심각한 지장이 있는 경우 전문가의 도움이 필요함.
- 자살 생각이나 극심한 우울감이 있는 경우 즉시 전문가의 도움이 필요함.

스트레스 해소 효과 차트

활동	효과			
	부교감신경 강화(이완)	기혈 순환	수승화강	마음챙김
횡격막 호흡	○	○	○	○
물 마시기	○	○		
스트레칭	○	○		
맨발 걷기	○	○	○	○
마사지(얼굴,두피,등,손,발)	○	○		
이압(이침) 요법	○	○		
복부 온찜질	○	○	○	
반신욕, 족욕	○	○	○	
뜸요법	○	○		
바른 자세	○	○	○	
스쿼트 하루 100개	○	○	○	
108배	○	○	○	○
숲치료(산림욕)	○	○	○	○

활동	효 과			
	부교감신경 강화(이완)	기혈 순환	수승화강	마음챙김
햇빛(일광욕)	○	○		○
아로마테라피	○	○		
음악 듣기	○			○
음식(트립토판 함유)	○			
명상	○			○

더 읽을거리

부교감신경을 강화하라(정윤섭, 하움, 2023)

자율신경계(고바야시 히로유키, 성안당, 2023)

우리가 몰랐던 냉기제거의 놀라운 비밀(신도요시하루, 중앙생활사, 2022)

면역력 슈퍼처방전(아보 도오루, 김영사, 2009)

코티솔 조절법(숀탤보트, 전나무숲, 2022)

홧병에 대한 임상적 연구: 한의학적 모델을 중심으로 (김종우 외, 1996)

불안과 불안장애의 개념의 역사(장윤영 외, 대한불안의학회지, 2023)

한의치료가 자율신경실조증 환자의 증상에 미치는 영향에 관한 체계적 문헌고찰 및 메타분석(이현우, 2023, 경희대학교대학원 임상한의과)

공황장애 환자에서 범불안장애 공존 유무에 따른 임상적 특징비교(오승주 외, 대한불안의학회지, 2017)

불안과 노어에피네프린(심현보 외, 대한불안의학회지, 2006)

냉증과 기립성 저혈압의 연과성에 관한 연구(장경호 외, 2003, 대한한방체열의학회지)

"The Wandering Nerve Linking Heart and Mind" – The Complementary Role of Transcutaneous Vagus Nerve Stimulation in Modulating Neuro-Cardiovascular and Cognitive Performance(Helena Dolphin 외, Neurosci. 2022 Jun 16)

Internal senses of the vagus nerve(Sara L Prescott, Neuron. 2022 Jan 19;110(4):579–599)

II. 우선 호흡, 물, 운동

만병통치 횡격막 호흡

'동의보감'에서는 호흡 조절이 정신 안정과 육체 피로 감소에 도움이 된다고 기록하고 있다. 실제로 스트레스 상황에서는 교감신경이 흥분되어 호흡이 거칠어지고, 짧아지며, 얕아지는 특징적인 변화가 나타나며, 이때 가슴 움직임이 두드러지고 어깨가 올라가는 현상이 동반된다.

이러한 현상이 발생하는 생리학적 원리를 이해하기 위해서는 횡격막(Diaphragm)의 신경 지배 구조를 살펴볼 필요가 있다. 횡격막은 횡격신경(Phrenic nerve, C3-5)과 미주신경(Vagus nerve, Cranial nerve 10)의 지배를 받는데, 특히 미주신경이 부교감신경을 포함하고 있어 호흡을 통한 부교감신경 조절이 가능하다.

이러한 신경 지배 구조로 인해 심신의 상태에 따라 서로 다른 호흡 패턴이 나타난다. 부교감신경이 활성화된 이완 상태에서는 횡격막을 사용하는 깊은 호흡과 함께 호흡 수가 감소하는 반면, 교감신경이 활성화된 흥분 상태에서는 빠르고 얕은 흉식호흡이 나타난다. 스트레스가 지속되면 호흡 패턴이 악화되고 숨길(airway)이 좁아지며 미주신경 기능이 저하된다.

주목할 점은 호흡이 자율신경계와 수의신경계의 특성을 모두 가지고 있다는 것이다. 호흡 자체는 자율신경의 지배를 받지만, 숨길의 개폐와 호흡 패턴은 미주신경과 체신경 속 운동신경이 담당한다. 이는 의식적인 호흡 조절을 통해 자율신경계에 영향을 미칠 수 있음을 의미한다.

따라서 깊은 호흡은 부교감신경 활성화의 핵심 도구가 된다. 깊은 호흡을 통해 횡격막이 팽창되면 횡격막에 분포된 부교감신경이 자극되고, 이어서 뇌의 감마-아미노뷰티르산(GABA) 경로의 부교감신경이 활성화된다. 결과적으로 자율신경계가 안정화되어 스트레스와 불안이 감소할 뿐만 아니라, 복부 혈액순환 촉진과 복근 강화라는 부가적인 효과도 얻을 수 있다.

깊은 호흡 → 부교감신경 자극 (자율신경 균형) → 혈액순환↑

혈액순환↑ → 자율신경 균형 → 깊은 호흡

얕은 호흡 → 교감신경 자극

스트레스를 느낀다면 먼저 심호흡부터 하자!

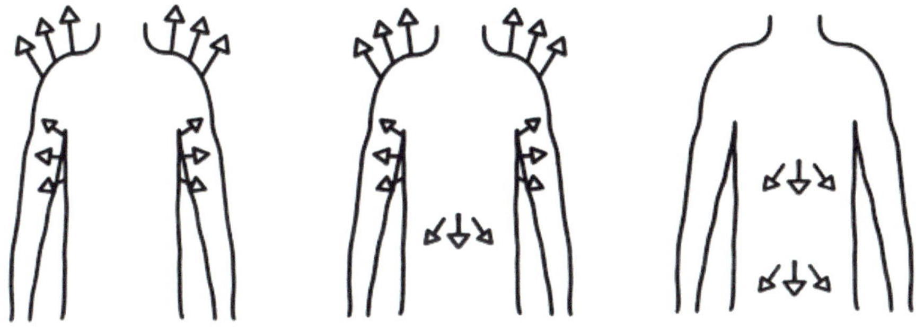

흉식 호흡 **복식 호흡** **횡격막 호흡**

흉식 호흡

어깨 올림
어깨 전체의 상향 이동
스트레스와 긴장과 연관
근육 불균형 초래 가능
상부 승모근의 과긴장

상부 흉곽 상승
흉곽의 상방 이동
호흡 패턴에 영향
잘못된 자세와 연관
횡격막 기능 저하 가능

복식 호흡

복부 전후 확장:
복부의 앞뒤 움직임
횡격막 호흡 가능

횡격막 호흡

가슴 확장
복부의 전방 확장
횡격막의 상하 움직임

가슴과 복부의 조화로운 확장
전체적인 호흡 용량 증가
효율적인 산소 교환

흉식호흡, 복식호흡, 횡격막호흡

횡격막: 생명 활동의 핵심 근육

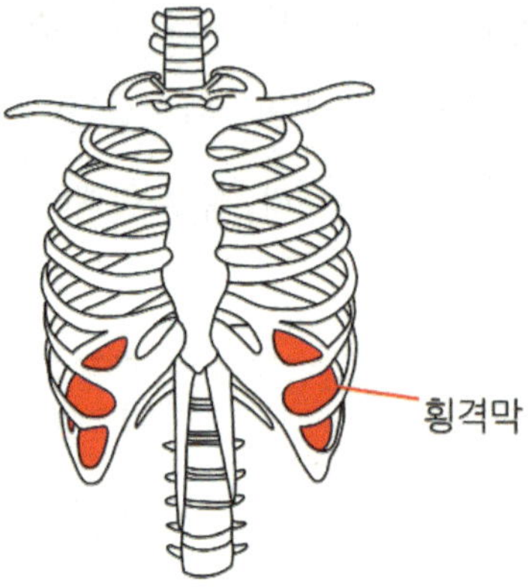

횡격막(Diaphragm)은 흉강과 복강을 분리하는 돔 형태의 근육성 격벽으로, 그 명칭은 그리스어 'dia(중간)'와 'phragma(울타리)'에서 유래했다. 이는 흉부의 바닥과 복부의 지붕을 이루는 해부학적 위치를 정확히 반영한다.

생리학적 기능

- 정상인의 안정 호흡 시 흡입 기능의 70%를 담당
- 흡기 시 수축하며 아래로 이동해 흉강을 넓히고 폐를 팽창
- 객담, 구토, 삼킴, 배뇨 및 배변 과정에 관여
- 정맥과 림프 순환 촉진
- 내장 기관의 기능 지원
- 자세 유지와 신체 위치 변화에 기여
- 통증 인식과 감정 상태에 영향

신경 지배와 호흡 메커니즘

횡격막은 횡격신경(C3-5)과 미주신경(10번 뇌신경)의 지배를 받으며, 특히 미주신경의 부교감신경 성분으로 인해 긴장 이완에 효과적이다. 편안한 호흡에서는 횡격막과 늑간근이 주로 작용하며, 노력성 호흡 시에는 흉쇄유돌근, 사각근, 승모근 등의 보조 호흡근이 동원된다.

자세와 호흡의 상관관계

부적절한 호흡 패턴(예: 과도한 흉식 호흡)은 목 주변 근육의 긴장을 유발하여 두통이나 경추부 통증을 초래할 수 있다. 또한 횡격막의 움직임은 체간 전체에 영향을 미쳐 골반, 어깨, 발의 기능까지 연관된다.

치료적 의의

횡격막 호흡은 복횡근, 다열근, 골반저근과의 협응을 통해 척추 안정성을 높이고 근골격계 통증 예방에 도움을 준다. 이는 전반적인 신체 기능 향상과 건강증진에 기여한다.

들숨 과정

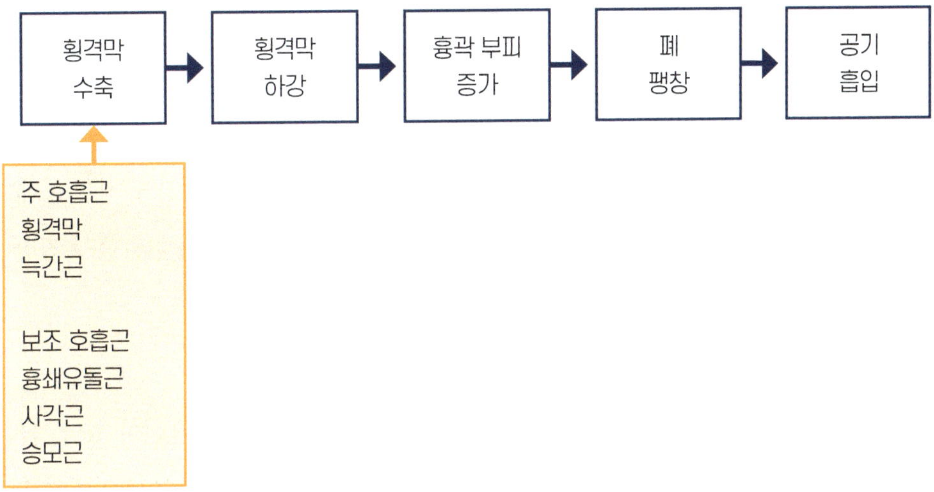

날숨 과정

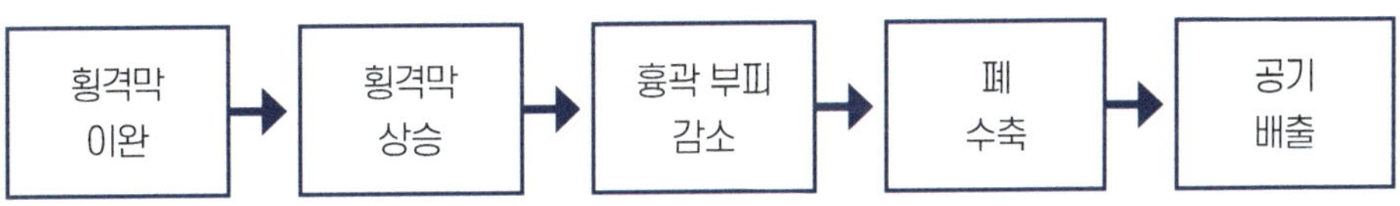

방법

횡격막 호흡법은 코로 숨을 들이마시며 배를 부풀리고 횡격막을 수축시킨 후, 입으로 숨을 내쉬면서 배를 끌어당기는 방식으로 횡격막 사용을 극대화하는 호흡법이다.

흡기 시에는 횡격막이 아래로 내려가면서 늑골 하부, 하복부, 서혜부와 그 뒤쪽이 모두 팽창하게 되며, 특히 배꼽 아래 부분이 불룩해지도록 한다. 호기 시에는 횡격막이 위로 올라가면서 복부가 원래 상태로 돌아온다.

폐는 본래 탄성을 가지고 있어 흡기 시에는 팽창하고 호기 시에는 제자리로 돌아오는데, 깊은 호흡을 할 때 이 탄성이 더욱 커진다. 이에 따라 횡격막의 수축력도 강해지는데, 이때 횡격막은 폐의 탄성을 적절한 속도로 조절하여 폐가 안정을 찾도록 돕는 역할을 한다.

따라서 효과적인 횡격막 호흡을 위해서는 숨을 내쉬는 시간을 들이마시는 시간의 2배 정도로 유지하는 것이 적절하며, 가장 이상적인 방법은 숨을 모두 내쉰 후 잠시 멈추었다가 다시 들이마시는 것이다.

횡격막 호흡 시 호흡 멈춤 이유

횡격막 호흡법의 호흡 멈춤은 다음과 같은 생리학적 효과가 있다. 폐포 내 가스 교환을 최적화하여 혈중 산소와 이산화탄소의 균형을 유지하고, 미주신경 자극을 통해 심박수 감소와 이완을 유도한다. 또한 횡격막의 등척성 수축을 통해 근력을 강화하고, 복압 유지를 통해 호흡 패턴을 개선한다. 이러한 작용이 복합적으로 전반적인 호흡 기능과 신체적 이완을 촉진한다.

날숨이 길어야 하는 생리학적 근거

호흡의 과정에서 날숨(호기)이 중요한 이유는 신경생리학적 원리와 관련이 있다. 숨을 내쉴 때는 수축했던 횡격막과 늑간근이 이완되면서 주변 조직에 저장된 탄성에 의해 수동적으로 원래 상태로 돌아가게 된다. 이 과정에서 들숨(흡기)과 날숨(호기)은 서로 다른 자율신경계 반응을 유발한다.

자율신경계의 작용을 살펴보면, 들숨은 교감신경과 연결되어 긴장을 유도하는 반면, 날숨은 부교감신경과 연결되어 마음을 안정시키는 데 관여한다. 따라서 호흡하는 동안 교감신경과 부교감신경의 활성화가 교대로 이루어지는데, 날숨을 충분히 길게 하면 부교감신경의 활성화 시간이 늘어나 심신 안정에 도움이 된다.

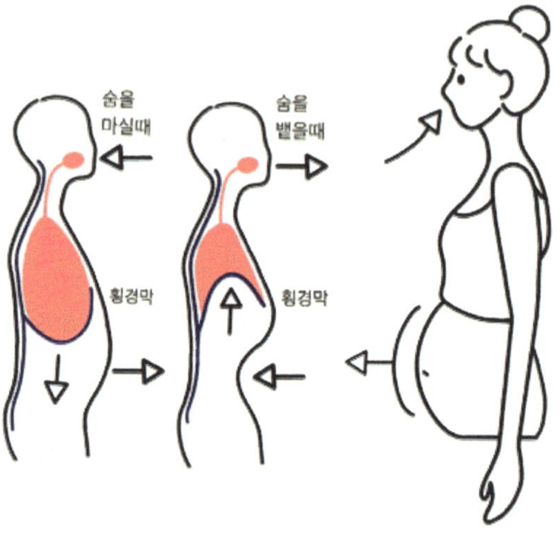

또한 충분한 날숨은 폐 속의 공기를 효과적으로 배출하여 이어지는 들숨에서 더 많은 신선한 공기를 흡입할 수 있게 하며, 횡격막의 상하운동을 통해 폐 하단

을 강화하는 효과도 있다. 이러한 이유로 날숨 위주의 호흡 습관을 기르면 전반적인 심신 안정을 도모할 수 있다.

들숨(4초)

- 바른 자세로 코를 통해 숨을 들이마시며, 아랫배를 부풀리면서 자극이 골반부위까지 전달되도록 한다.

중지(2초)

- 들이마신 상태에서 잠시 호흡을 멈추어 유지한다.

날숨(6초)

- 입를 통해 천천히 숨을 내쉰다.

호흡 빈도: 1분에 10회 내외

- 실천 시간: 하루 1~2회, 5~10분씩 시작
- 단계적 증진: 익숙해지면 20분까지 시간을 늘린다.

호흡 유형 자가 진단법

- 자신의 호흡 유형을 확인하기 위해 다음과 같이 진단 해 본다.

진단 준비

- 오른손은 가슴에 올리기
- 왼손은 배 위에 올리기

진단 과정

- 평소대로 호흡하기
- 코로 숨을 최대한 들이마시기

- 입으로 숨을 내쉬기
- 위 과정을 5회 반복하며 손의 움직임 관찰

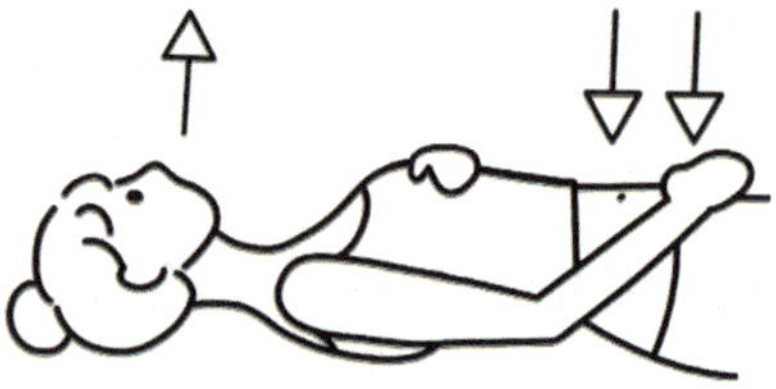

판단 기준

- 흉식호흡: 가슴의 오른손이 더 많이 움직임
- 횡격막·복식호흡: 배의 왼손이 더 많이 움직임

호흡 깊이 자가 테스트

네고르히데유키의 호흡 깊이 측정법에 따르면, 일상적인 호흡의 깊이는 숨을 멈춘 상태에서 견디는 시간으로 판단할 수 있다.

측정 방법

- 편안한 상태에서 코로 숨을 내쉬기
- 그 상태에서 숨을 멈추고 시간 측정하기

판정 기준

- 30초 이상: 이상적인 깊은 호흡
- 30초: 표준적인 호흡
- 30초 미만: 얕은 호흡

횡격막 호흡 연습 가이드

기본 자세

- 누운 자세
- 다리는 골반 넓이로 벌리기
- 무릎은 직각으로 구부리기

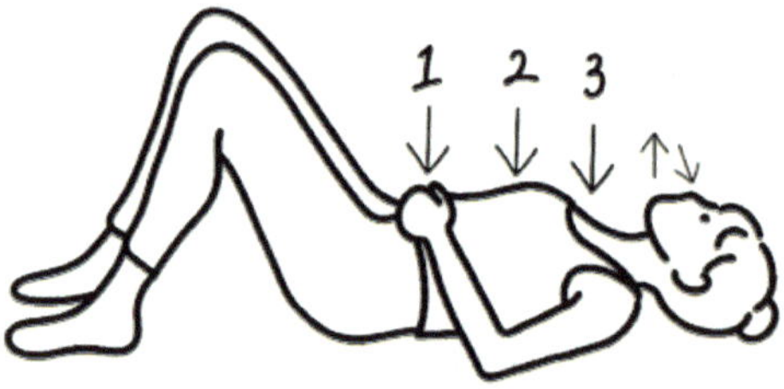

흡기 시 아랫배부터 순서대로 공기를 채운다.

- 손 위치
- 한 손은 가슴에
- 다른 한 손은 배에

호흡 방법

- 들숨(4초)
- 코로 천천히 깊게 들이마시기
- 하복부, 골반저부에서 시작하여 상복부 순으로 확장
- 가슴의 움직임 최소화
- 멈춤(2초)

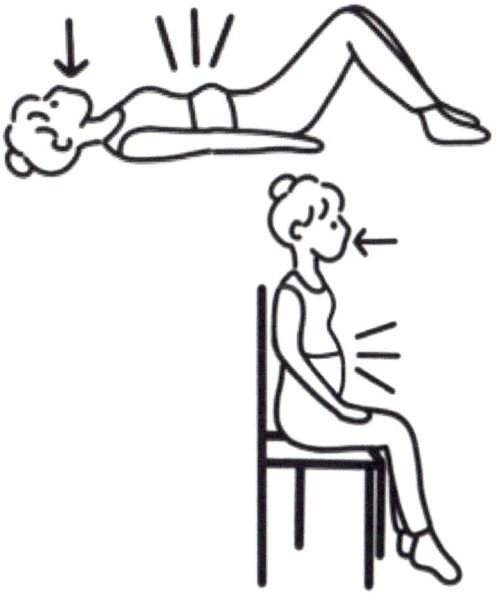

- 날숨(6초)
- 입으로 천천히 내쉬기
- 복부근육 수축에 집중
- 가슴의 움직임 최소화

- 운동량
- 1세트: 10회 호흡
- 전체: 10세트를 10분 동안 실시

횡격막호흡 연습 기록지

컨디션 체크

오늘의 컨디션	□ 매우 좋음 □ 좋음 □ 보통 □ 나쁨 □ 매우 나쁨
신체 상태	피로도: □ 거의 없음 □ 약간 □ 보통 □ 심함 □ 매우 심함 스트레스: □ 거의 없음 □ 약간 □ 보통 □ 심함 □ 매우 심함 긴장도: □ 이완됨 □ 약간 긴장 □ 보통 □ 긴장됨 □ 매우 긴장됨

호흡 기록

회차	시작 시간	종료 시간	호흡 방법	반복 횟수	호흡 깊이
1	:	:	□기본 □4-2-6 □기타	회	□상 □중 □하
2	:	:	□기본 □4-2-6 □기타	회	□상 □중 □하
3	:	:	□심화 □5-3-7 □기타	회	□상 □중 □하

총 실천 횟수: _____회　총 소요 시간: _____분

효과 관찰

신체적 변화

항목	호흡 전	호흡 후
긴장도	□상 □중 □하	□상 □중 □하
피로감	□상 □중 □하	□상 □중 □하
통증	□상 □중 □하	□상 □중 □하
호흡 편안함	□상 □중 □하	□상 □중 □하

정신적 변화

항목	호흡 전	호흡 후
스트레스	□상 □중 □하	□상 □중 □하
불안감	□상 □중 □하	□상 □중 □하
집중력	□상 □중 □하	□상 □중 □하
평온감	□상 □중 □하	□상 □중 □하

〈일일 평가〉

목표 달성도	오늘의 목표: _____회 달성한 횟수: _____회 달성률: _____% (달성 횟수 / 목표 횟수 × 100)
전반적 만족도	□ 매우 만족 □ 만족 □ 보통 □ 불만족 □ 매우 불만족

스트레스 해소 물 마시기

세계보건기구(WHO)는 "깨끗한 물은 건강을 증진시킨다"라고 하며, 깨끗한 물의 섭취만으로도 전체 질병의 80%를 예방할 수 있다고 발표했다. 이는 수분이 인체에서 차지하는 중요성을 단적으로 보여주는 예시라 할 수 있다.

수분은 신체의 60% 이상을 차지하는 주요 구성 물질로서, 생명 유지에 필수적인 영양소라는 것은 이미 잘 알려진 사실이다. 특히 스트레스 관리 측면에서 수분의 역할은 매우 중요한데, 이는 수분이 호르몬 분비에 깊이 관여하기 때문이다. 체내 수분이 부족해지면 주요 장기들이 정상적인 기능을 수행하지 못하게 되며, 이는 스트레스 호르몬 분비를 촉진하게 된다.

인체의 수분 부족은 단계적으로 다양한 문제를 야기한다. 체내 수분이 1% 부족해지면 목마름을 느끼기 시작하며, 2% 부족 시에는 업무 효율성이 현저히 저하된다. 더 심각한 수준인 4% 부족 상태에 이르면 무기력감과 무감각이 나타나며, 정서적 불안정이 동반된다. 최근 연구에 의하면 하루에 물을 2잔 미만으로 마시는 남성과 여성은 우울증에 걸릴 위험이 각각 73%와 54% 더 높았고, 사망률도 더 높았다.

반면, 충분한 수분 섭취는 스트레스 관리에 긍정적인 영향을 미친다. 적절한 수분 섭취는 스트레스 호르몬인 코티졸 수치를 감소시키고, 아드레날린을 비롯한 기타 스트레스 관련 호르몬들을 효과적으로 조절한다. 이를 통해 전반적인 스트레스 수준이 낮아지며, 우울감과 불안감 또한 완화되는 효과를 보인다.

더불어 물을 마시는 행위 자체가 가진 이점도 주목할 만하다. 물을 섭취할 때 소화기관에 분포한 부교감신경이 자극을 받게 되는데, 이는 자율신경계의 안정화를 도모하는 효과가 있다. 이처럼 적절한 수분 섭취는 신체적, 정신적 스트레스 관리에 있어 근본적이고 효과적인 방법이라 할 수 있다.

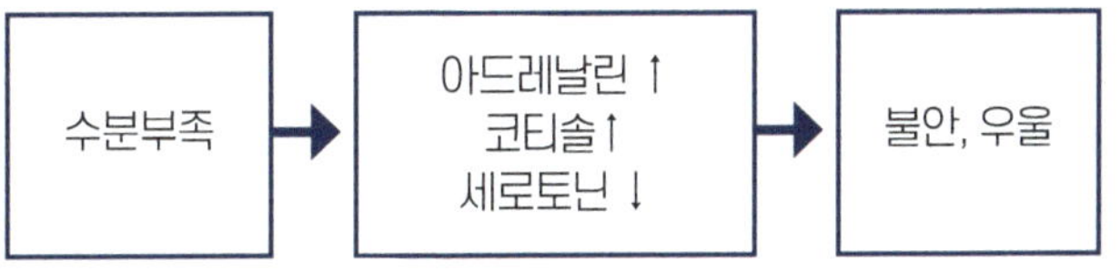

물먹기 → 위장의 부교감신경↑, 스트레스 호르몬↓ → 스트레스 해소

수분 섭취가 과다한 것도 건강에 문제가 된다. 수분공급이 과잉되었을 때는 전해질 불균형, 고혈압, 의식의 변화, 심지어 사망에 이를 수도 있다. 그러므로 '적정'량 수분 섭취가 필요하다.

그렇다면 적정 물 섭취량은 어느 정도이고 어떻게 마시면 좋을까?

하루 수분 섭취 권장량

하루 수분 섭취의 적정량에 대해 주요 기관들은 구체적인 기준을 제시하고 있다. WHO(세계보건기구)는 하루 8~10잔(200ml 기준)의 물 섭취를 권장하고 있다. 이는 개인의 기본적인 수분 필요량을 충족시키기 위한 기준이다.

한국영양학회는 2020년 연구를 통해 연령대별, 성별 구체적인 권장량을 제시했다. 청소년기부터 74세까지의 적정 물 섭취량으로 남성은 하루 900ml 이상, 여성은 600~800ml를 권장하고 있다. 이러한 차이는 일반적으로 성별에 따른 체격과 대사량의 차이를 반영한 것이다.

우리 몸이 하루 동안 필요로 하는 총 수분량은 약 2.5L 정도다. 이 중 실제 물 섭취를 통해 충당하는 양은 1.3L(약 7컵) 정도이며, 나머지 1L는 일상적으로 섭취하는 식품에 함유된 수분을 통해 보충된다. 따라서 건강한 수분 균형을 위해서는 하루 7~10컵 정도의 물을 수시로 섭취하는 것이 바람직하다.

다만, 이러한 권장량은 절대적인 기준이 아니라 개인의 상황에 따라 조절이 필요하다. 개인의 체중, 활동량, 기후 조건, 건강 상태 등 다양한 요인들이 적정 섭취량에 영향을 미친다. 특히 활동량이 많아 에너지 소모가 클 때나, 더운 날씨 또는 건조한 환경에서는 땀과 호흡을 통한 수분 손실이 증가하므로, 그에 맞춰 섭취량을 늘려야 한다.

효과적인 수분 섭취 가이드

수분 섭취는 단순히 갈증을 해소하는 것을 넘어 건강한 생활의 기초가 된다. 갈증을 느끼는 순간은 이미 체내 수분이 1~2% 부족한 상태로, 이는 신체 기능의 미세한 저하를 의미한

다. 따라서 효과적인 수분 섭취는 갈증이 발생하기 이전에 이루어져야 한다.

기본 원칙

- 하루 1리터를 기준으로, 활동량과 환경에 따라 조절
- 한 번에 200ml를 기준으로 하여 신체가 원활히 흡수하도록 함
- 갈증을 느끼기 전에 계획적으로 섭취

시간대별 수분 섭취

기상 직후	• 250~500ml의 미온수 섭취 권장 • 체내 대사 활성화 및 장운동 촉진 • 두뇌 활동 향상과 노폐물 배출 촉진
식사 관련	• 식전 30분 또는 식후 60분에 섭취 • 식사 중 과다 섭취는 소화액 희석 우려 • 적절한 시간 간격 유지 필요
취침 전	• 적당량의 수분 섭취로 야간 혈액순환 개선 • 체내 수분 균형 유지 도모

운동 시 수분 섭취

준비기	• 운동 2시간 전 500ml 섭취 • 체내 수분 저장량 확보
운동 중	• 15~20분 간격으로 150~200ml 보충 • 지속적인 수분 균형 유지
회복기	• 체중 감소 1kg당 1.5L 수분 보충 • 단계적 보충으로 생리적 균형 회복

주의사항

- 과다 섭취는 심장과 신장에 부담
- 전해질 불균형 발생 가능성 주의
- 11~15℃의 수온이 체내 흡수에 최적
- 소량 분할 섭취로 흡수율 증진

※ 위의 가이드라인은 개인의 건강 상태와 환경에 따라 적절한 조정이 필요하다.

물먹기 도움 방법

눈금 물병 활용하기	오이 레몬수 만들기
• 하루 목표량을 정확히 체크 • 수분 섭취량 실시간 확인 • 수분 과다 섭취 방지 • 휴대가 간편함 • 심리적 동기 부여 효과 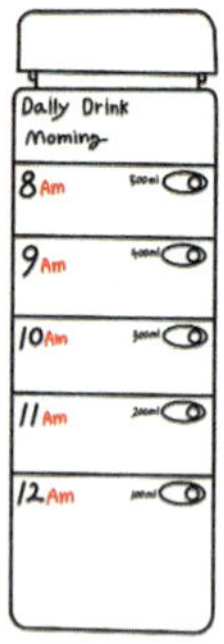	맛있는 수분 보충, 자연스러운 수분 섭취 습관 형성 • 레몬: 비타민 C 풍부 • 레몬 1/2개 (약 30ml 레몬즙) + 물 500ml • 오이: 칼륨, 마그네슘 등 미네랄 풍부 • 오이 3~4조각 + 물 500ml • 오이 + 레몬수 오이 3~4슬라이스(두께 0.5cm) 레몬 1/4개(약 15ml 레몬즙) + 물 500ml 오이는 반드시 깨끗이 세척, 레몬은 유기농 사용 권장 아침 공복 섭취 시 더 희석, 취향에 따라 민트 잎 추가 가능 

내 몸 수분 상태 자가 진단

소변색으로 체내 수분상태 확인하기

옅은 노란색은 수분 상태가 정상이고 찐한 노란색으로 보인다면 체내 수분 부족 일 수 있다. 무색에 가까울 때는 수분 과다 일 수 있다.

색상	• 투명한 무색 → 과다 수분 섭취 • 연한 레몬색 → 정상 • 진한 황색 → 경미한 탈수 • 호박색 → 심한 탈수

신체 상태로 체내 수분상태 확인하기

피부 탄력도	• 정상: 꼬집었다 놓으면 즉시 돌아옴 • 탈수: 주름이 지속됨	[체크: □양호 □보통 □나쁨]
입안 상태	• 정상: 촉촉하고 선명한 분홍색 • 탈수: 건조하고 끈적임	[체크: □양호 □보통 □나쁨]
입술 상태	• 정상: 촉촉하고 붉은색 • 탈수: 건조하고 갈라짐	[체크: □양호 □보통 □나쁨]

수분 상태 자가진단 평가표

평가 항목	증상 확인	가중치	비 고
입술 상태	건조하고 갈라짐	□1	• 입술이 건조하고 갈라지는 현상은 초기 탈수증상일 수 있음
소변 상태	진한 노란색/갈색	□1 □2	• 소변색이 진할수록 탈수 정도가 심각함을 의미
피부 상태	건조하고 탄력저하	□1	• 피부 주름이 복원되는 속도로 확인
갈증 정도	심한 갈증	□1 □2	• 심한 갈증은 중등도 이상의 탈수를 의미 할 수 있음
신체 상태	피로감과 무기력	□1	• 전신 피로와 무기력은 수분 부족의 전신 증상
두통 여부	두통 있음	□1	• 탈수로 인한 두통은 수분 섭취 시 호전될 수 있음
구강 상태	구강건조, 끈적임	□1	• 타액 분비 감소는 수분 부족의 주요 징후
소변량 변화	소변량 감소	□1 □2	• 소변량 감소는 체내 수분 보유 증가를 의미
합 계		총점	

평가 결과 판정기준

총점	상태	판정	조치 사항
0~1점	양호	정상 수분상태	• 평소대로 규칙적인 수분섭취 유지
2~4점	주의	경미한 수분부족	• 물 섭취량 증가 • 2~3시간 간격으로 수분 보충
5~7점	경계	중등도 수분부족	• 즉시 수분 보충 시작 • 1시간 간격으로 200~300ml 섭취 • 전해질 보충 고려
8점 이상	심각	심한 수분부족	• 즉각적인 수분 보충 필요 • 병원 진료 권고 • 경구 수분섭취와 진해질 보충 필요

하루 물먹기 기록지

1. 오늘의 목표

기본 정보	체중: _____kg 하루 목표량: _____ml (체중 × 30ml)	컵/물병 용량: _____ml 목표 컵/물병 수: _____개
시간대별 목표	☐ 기상 직후: _____ml ☐ 오전(9~12시): _____ml ☐ 점심(12~2시): _____ml	☐ 오후(2~6시): _____ml ☐ 저녁(6~9시): _____ml ☐ 취침 전: _____ml

2. 물 섭취 기록

순서	시각	섭취량(ml)	메모
1	:		
2	:		
3	:		
4	:		
5	:		
6	:		
7	:		
8	:		
9	:		

현재 총 섭취량: _____ml 목표 대비 달성률: _____%

3. 효과 관찰

신체 상태	갈증감: ☐ 없음 ☐ 약간 ☐ 보통 ☐ 심함 피로도: ☐ 없음 ☐ 약간 ☐ 보통 ☐ 심함 입마름: ☐ 없음 ☐ 약간 ☐ 보통 ☐ 심함
소변 상태	☐ 맑은 연노랑 (충분한 수분) ☐ 진한 노랑 (약간 부족) ☐ 갈색빛 (수분 부족)

4. 일일 평가

잘된 점 :

개선할 점 :

강력한 자율신경 안정제 '맨발걷기'

발의 해부학적 구조는 26개의 뼈, 19개의 근육과 힘줄, 30개 관절, 그리고 107개의 인대로 구성되어 있다. 발바닥의 말초신경계에는 부교감신경이 고밀도로 분포되어 있으며, 한의학적 관점에서는 간, 비, 위, 담, 방광, 신장의 6개 경락이 주행한다. 특히 발바닥에는 전신 장기에 대응하는 반사구가 밀집되어 있다는 특징이 있다. 심장으로부터 가장 원위부에 위치한 발은 중력의 영향으로 혈액순환이 취약한 부위이나, 발바닥 자극을 통해 혈점을 자극함으로써 전신건강 기능을 조절할 수 있다.

맨발걷기의 생리학적 효과는 크게 세 가지 측면에서 고찰할 수 있다. 첫째, 맨발과 지면의 직접적인 접촉을 통한 접지(earthing 또는 grounding) 효과, 둘째, 발바닥 지압점 자극을 통한 전신 순환 촉진, 셋째, 부교감신경 활성화를 통한 스트레스 완화 효과이다. 또한 물리적 측면에서는 발과 발목 관절의 가동 범위 확대, 근육과 인대의 장력 강화, 그리고 하지 근력 향상을 기대할 수 있다. 더불어 지면과의 직접적인 접촉은 균형감각, 신체인지능력, 고유수용감각의 향상에도 기여한다.

임상적 관찰에 의하면, 맨발걷기를 1주일 이상 지속한 대상자들에게서 공통적으로 수면의 질 개선과 정서적 안정감 증가가 보고되었다. 이는 부교감신경계 활성화의 객관적 지표로 해석될 수 있으며, 맨발걷기가 자율신경계 조절에 긍정적 영향을 미친다는 것을 시사한다.

맨발 걷기 효과

- 수면 개선(코르티솔의 야간 리듬이 정상화)
- 통증 ↓
- 염증 ↓
- 이완(부교감신경 활성화)
- 빠른 상처치유
- 혈액 점도 ↓
- 기분이 좋아짐
- 근육 긴장, 두통↓

- 월경 증후군 ↓
- 고혈압 증상 ↓

Earthing 또는 Grounding

전기공학 분야에서 Grounding(접지)은 전기적 안전성 확보를 위해 전기 시스템이나 회로를 지면에 연결하는 기술적 방법으로 정의된다. 한편 생물학적 관점에서의 Earthing(어싱)은 Biological Grounding(생물학적 접지) 또는 Ground Therapy(접지 요법)라는 학술적 용어로도 사용되며, 이는 지구 표면의 전기적 특성을 생체 치료에 활용하는 방법론을 의미한다.

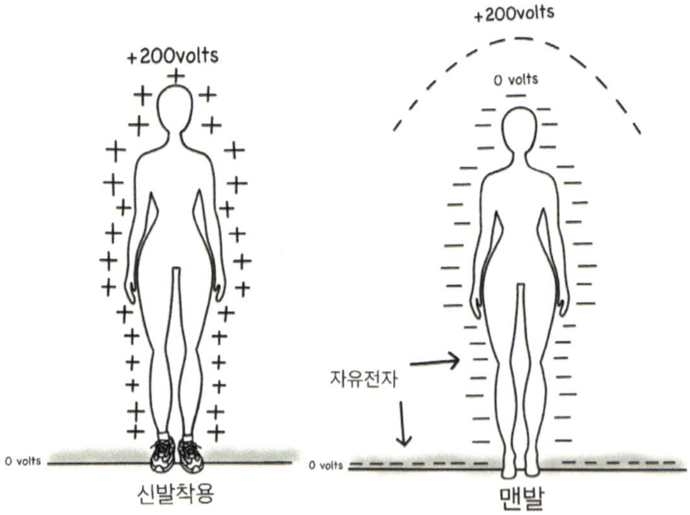

맨발 VS 신발착용(James L Oschman,2022)

신발 착용 시의 상태

- 인체에 +200볼트의 전위차 발생
- 절연체인 신발로 인해 지면과 전기적 차단
- 체내 전하의 자연스러운 방출 불가
- 정전기와 양전하가 체내에 지속적으로 축적
- 이는 체내 전기적 불균형을 초래할 수 있음

맨발 상태의 특징

- 지면과 동일한 0볼트의 전위 유지
- 지구 표면의 자유 전자와 직접적 교환 가능
- 체내 축적된 과잉 전하의 자연스러운 방출
- 지구와 인체 사이의 전자 흐름이 자유로움
- 자연적인 전기적 균형 상태 유지

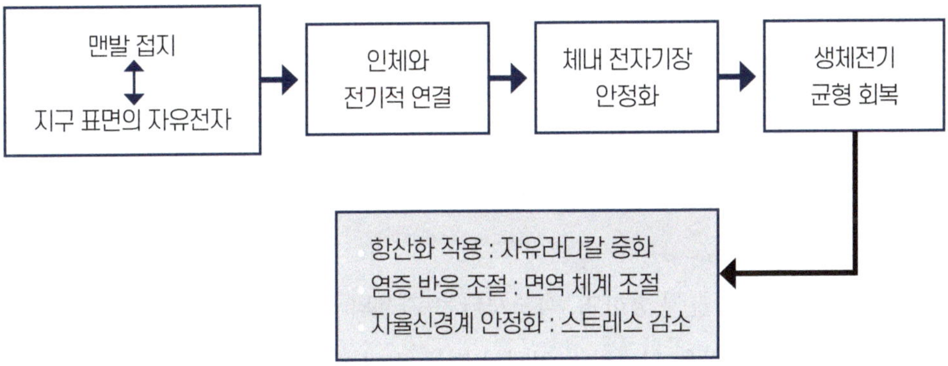

Earthing 효과

지구 표면에는 다량의 음전하를 띤 자유전자가 존재하며, 이는 생체의 전기화학적 특성과 상호작용할 수 있다. 생체 내에서 불안정한 전자 구조를 가진 자유라디칼(free radical)은 양전하성 분자로서, 이는 염증반응을 촉진하고 조직 손상을 유발하는 주요 인자로 작용한다. Earthing의 치료 기전은 지표면의 자유전자(음전하)가 체내 자유라디칼(양전하)을 중화시키는 전기화학적 과정을 통해 염증성 통증을 감소시키는 것으로 설명된다.

맨발 걷기 실천 방법

맨발걷기는 개인의 발 건강 상태를 고려한 단계적 접근이 필요하며, 장소 선택과 운동 강도의 점진적 증가가 중요하다. 초기에는 노면이 부드러운 바닷가 해변이나 황톳길에서 5~10분간 시행하여 신체 반응을 관찰하고, 불편 증상이 없을 경우 점진적으로 운동 시간과 난이도를 상향 조정한다.

재활의학전문의 김정훈(2024)은 맨발 걷기 장소의 난이도를 다음과 같이 8단계로 분류하였다.

- 바닷가 해변: 평탄하고 부드러운 모래 지형
- 황톳길: 균일한 밀도의 흙 지형
- 잔디밭: 식물성 쿠션이 있는 지형
- 모래사장: 깊이감 있는 모래 지형

- 흙길: 다양한 질감의 흙 지형
- 시냇물: 수중 보행이 가능한 지형
- 숲길: 자연 장애물이 있는 지형
- 등산로: 불규칙한 경사와 장애물이 있는 지형

운동 빈도는 주 2~3회를 권장하며, 속도보다는 자세와 균형에 중점을 두어야 한다. 특히 발바닥의 고유수용성 감각을 인지하며 천천히 걷는 것이 바람직하다. 실천을 위해서는 거주지 인근의 맨발 걷기 전용 공간을 확인하고 정기적으로 활용하는 것이 효과적이다.

적합한 장소 선정	• 천연 잔디 구장: 부드러운 지면 특성으로 초보자에게 적합 • 모래사장: 다양한 지면 자극과 저항성 제공 • 전용 산책로: 안전성이 검증된 환경
시간대 선택	• 이른 아침, 일몰 전후: 지면 온도, 자외선 노출 정도 고려
사전 준비	• 발 상태 점검: 상처, 감염 여부 확인 • 준비 운동: 발목 관절 가동성 확보 • 필수 지참물: 응급처치 용품, 여분 신발
맨발 걷기 중 주의 사항	• 지면 상태 지속 관찰 • 체감 온도와 피로도 모니터링 • 단계적 강도 증가
사후관리	• 발 세척 및 건조 • 피부 상태 점검 • 근골격계 이상 유무 확인
절대금기 대상	• 당뇨병성 족부 병변 • 급성 염증성 질환 • 중증 순환장애
상대적 주의 대상	• 고령자 • 과체중 • 관절 질환자

맨발걷기의 주의사항

부상 위험	• 맨발로 걸을 때 발바닥에 상처나 찰과상이 생길 수 있다. 특히 자갈, 돌, 유리조각 등이 있는 지면은 주의해야 한다.
근육, 관절 손상	• 갑작스러운 맨발 걷기는 발, 발목, 무릎 등의 근육과 관절에 무리를 줄 수 있다. • 점진적으로 시작하고 충분한 준비운동이 필요하다.
감염 위험	• 맨발로 걸을 경우 세균이나 곰팡이 감염의 위험이 있다. 특히 당뇨병 환자나 면역력이 약한 사람은 주의해야 한다. • 파상풍 예방접종 필요
동상 위험	• 겨울철 맨발 걷기는 동상의 위험이 있으므로 주의하고 대비해야 한다.
화상 위험	• 여름철 뜨거운 아스팔트나 모래 등의 지면에서는 화상을 입을 수 있으므로 피해야 한다.
기저질환자 주의	• 고령자, 당뇨병 환자, 족저근막염 환자 등 기저질환자는 사전에 의사와 상담 후 실시한다.

맨발걷기 실천 프로그램

자연을 느끼는 건강한 발걸음

준비 단계

시작 전 체크리스트	개인 건강 상태 확인	• 발 상태 점검 • 기저 질환 유무 • 전반적 컨디션
	환경 조건 점검	• 날씨와 기온 • 지면 상태 • 안전성 확인
	필수 준비물	• 수건과 물티슈 • 비상용 신발 • 응급처치 용품
기초 운동 프로그램	발바닥 준비운동 (5분)	• 발가락 스트레칭 • 발바닥 마사지 • 발목 돌리기
	기본 스트레칭 (7분)	• 종아리 스트레칭 • 발목 관절 운동 • 전신 가벼운 스트레칭

맨발걷기 단계별 실천 가이드

A. 입문 단계 (1-2주)

일차	시간	활동 내용	주의 사항
1~3일	5분	• 실내 맨발 걷기 • 카펫, 매트 등	• 발바닥 감각 확인
4~7일	7분	• 실내외 번갈아 걷기 • 부드러운 잔디 체험	• 지면 상태 확인 • 천천히 진행
8~14일	10분	• 실외 걷기 시작 • 다양한 지면 경험	• 발 상태 수시로 확인 • 휴식 충분히

B. 적응 단계 (3-4주)

일차	시간	활동 내용	주의 사항
15~21일	15분	• 거리 늘리기 • 지형 다양화	• 페이스 조절 • 발 피로도 체크
22~28일	20분	• 보행 속도 조절 • 다양한 동작 시도	• 균형감 유지 • 무리하지 않기

C. 안정 단계 (5-6주)

일차	시간	활동 내용	주의 사항
19~35일	25분	• 장거리 걷기 • 복합 운동	• 체력 안배 • 휴식 적절히
36~42일	30분	• 자유로운 걷기 • 개인 루틴 확립	• 개인 페이스 유지 • 즐기며 진행

즉시 중단해야 할 경우

- 발바닥 통증 발생
- 피부 손상 징후
- 과도한 피로감

맨발 걷기 1일 활동 기록표

날짜: ___년 ___월 ___일
날씨: ____________
기온: ___℃

[활동 전]
체력 상태:
□상 □중 □하
발 상태:
□양호 □보통 □주의
준비운동:
□완료 □부분 □미실시

[활동 중]
시작 시간: _____
종료 시간: _____
총 활동 시간: _____분

장소:
□ 실내
□ 잔디
□ 모래
□ 흙길
□ 기타(_______)

강도:
□ 가벼움
□ 보통
□ 약간 힘듦
□ 힘듦

특이사항:
____

[활동 후]
피로도:
□낮음 □보통 □높음
발 상태:
□양호 □보통 □주의
회복 상태:
□좋음 □보통 □저조

내일 계획:

____

1분 스트레칭

스트레스가 신체에 미치는 영향은 근육 긴장을 통해 뚜렷하게 나타난다. 스트레스 상황에서 우리 몸의 근육이 지나치게 긴장하게 되면, 이는 연쇄적으로 혈압 상승, 심박수 증가, 호흡수 증가로 이어진다. 특히 목과 허리 부위의 근육이 경직되면서 만성적인 통증이 유발될 수 있다.

이러한 스트레스 관련 신체 증상을 완화하는 데 있어 스트레칭은 매우 효과적인 방법이다. 규칙적인 스트레칭은 단순히 근육의 긴장을 풀어주는 것을 넘어서, 전반적인 신체 기능의 안정화를 도모한다. 구체적으로는 스트레스 수준을 낮추고, 상승했던 혈압과 심박수, 호흡수를 정상화시키는 데 도움을 준다. 더불어 만성화된 목과 허리의 통증을 완화하는 효과도 있으며, 우울감을 개선하여 전반적인 기분 상태를 향상시킨다.

스트레칭의 가장 큰 장점은 그 접근성에 있다. 특별한 기술이나 전문적인 지식이 필요하지 않으며, 시간과 공간의 제약 없이 언제 어디서든 실시할 수 있다. 이러한 특성은 스트레칭을 일상적인 스트레스 관리 도구로 활용할 수 있게 만든다.

상체 늘리기

효과

- 잠자기 전, 아침에 일어났을 때 굳어있는 근육을 풀어줌
- 전신의 혈액순환을 촉진
- 척추와 관절의 유연성 증진
- 긴장된 근육을 이완시켜 스트레스 해소에 도움

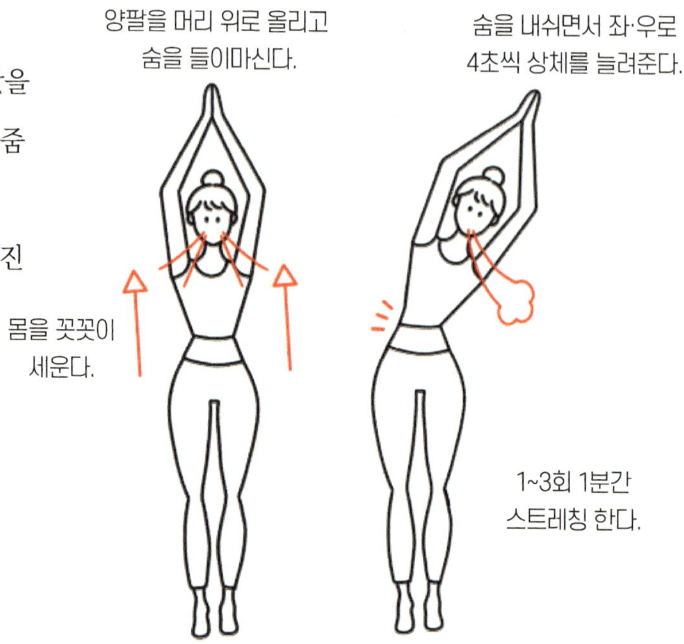

등 스트레칭

효과

- 등 근육의 긴장 완화
- 척추 주변 근육의 이완
- 혈액순환 촉진
- 만성적인 등 통증 감소
- 자세 교정에 도움
- 스트레스로 인한 근육 긴장 해소

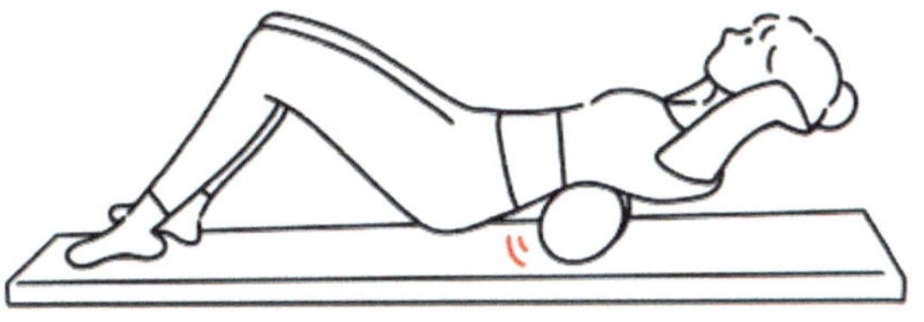

발바닥은 바닥에 안정적으로 고정

무릎을 적당히 굽힘

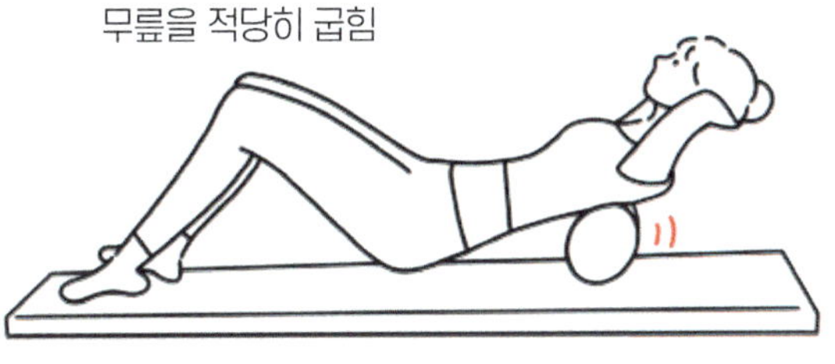

폼롤러를 가로로 등 뒤에 두고 누운후 등 하부부터 상부까지 천천히 이동 천천히 눌러 굴려준다.

전체적으로 3~5회 반복

더 읽을거리

1. 만병통치 횡격막 호흡

호흡 혁명(일요일, 음슈엔, 2021)

하버드식 호흡의 기술(네고르 히데유키, 비타북스, 2023)

호흡 형태에 따른 자세 변화가 자율신경계에 미치는 영향(조창환, 2023, 대구가톨릭대학교대학원)

호흡유형에 따른 건강한 성인의 정적균형능력 비교(유다슬, 2020, 가천대학교대학원)

호흡과 호흡주기가 심박변이도에 미치는 여향(여상훈, 2008, 서울대학교대학원)

유산소 운동과 복식호흡 훈련의 병행이 경계성 고혈압 성인의 혈압 및 뇌기능지수에 미치는 영향 (심태영,대한스포츠학회지, 2024, vol.22, no.1, pp. 281-293)

복식호흡 수련이 중년여성의 불면증 산소포화도와 맥박에 미치는 영향(전계삼 외, 한국자연치유학회지, v.11 no.2, 2022년, pp.116-12)

The Effects of Diaphragm Breathing Training on Ribcage Elevation Distance, Chest Expansion,Diaphragm Thickness, and Superficial Cervical Flexor Muscles Activities in Subjects With Upper Chest Breathing Pattern(최슬아, 2018, 연세대학교대학원)

Breathing matters(Christopher A Del Negro 외, Nat Rev Neurosci. 2018 Jun;19(6):351-367.)

2. 스트레스 해소 물 마시기

물건강법(전나무숲, 선재광, 2022)

대학생의 수분섭취 정도에 따른 타액 코르티솔 호르몬 및 혈액 성분의 관계에 대한 융합적 연구 (김정현 외, 보건의료생명과학논문지, v.10 no.1, 2022년, pp.163-167)

라이프케어 증진을 위한 수분섭취와 걷기운동이 건강한 20대 성인의 혈액순환 및 스트레스에 미치는 영향(이한결 외, 한국엔터테인먼트산업학회논문지 제16권 제6호 2022.08 331-339)

Association of plain water intake with self-reported depression and suicidality among Korean adolescents(Jung Woo Lee 외, Epidemiol Health. 2024 Jan 9;46)

2020 한국인 수분 섭취기준 설정과 앞으로의 과제(이재현 외, Journal of nutrition and health, v.55 no.4, 2022년, pp.419-429)

근감소증 예방을 위한 저항성 운동과 수분 섭취에 따른 염증반응의 변화(조중연, 한국사회체육학회지, 2022, vol., no.87, pp. 355-363)

Water intake, hydration status and 2-year changes in cognitive performance: a prospective cohort study(Stephanie K Nishi 외, BMC Med. 2023 Mar 8;21:82)
Association Between Water Intake and Mortality Risk—Evidence From a National Prospective Study(Hao-long Zhou, 외.Front Nutr. 2022 Apr 12;9:822119)
Hydration status, body composition, and anxiety status in aeronautical military personnel from Spain: a cross-sectional study(Alejandra Carretero-Krug, Mil Med Res. 2021 Jun 2;8:35.)

3. 강력한 자율신경 안정제 '맨발걷기'

맨발걷기 뭐가 맞는 거죠?(김정훈, 망고나무, 2024)
100세 시대 두발혁명(김범수, 비타북스, 2024)
숲길 맨발 걷기가 혈관 건강과 스트레스 및 행복감에 미치는 영향(정현조, 2023, 충북대학교대학원)
어싱 기법을 적용한 황톳길 맨발 걷기가 자율신경계와 혈압에 미치는 영향(이정림, 2021, 부산카톨릭대학교대학원)
8주간의 걷기운동과 맨발걷기가 중년여성의 혈중 세로토닌과 코티졸, 에피네프린, 노르에피네프린에 미치는 영향(정진숙, 2018, 대전대학교대학원)
Illnesses in technologically advanced societies due to lack of grounding (earthing)(James L Oschman, Biomed J. 2022 Nov 3;46(1):17-29)
The effects of grounding (earthing) on inflammation, the immune response, wound healing, and prevention and treatment of chronic inflammatory and autoimmune diseases(James L Oschman 외, J Inflamm Res. 2015 Mar 24;8:83-96)
죽기전까지 병원갈 일없는 스트레칭(제시카 메튜스, 동양북스, 2023)
몸과 마음의 이완을 위한 스트레칭(김명화, 대한스트레스학회, 2008)
소규모 사업장 근로자의 사회,심리적 스트레스에 따른 스트레칭 효과(임승민, 한국체육대학교, 2014)
근피로 유발 후 보드를 이용한 스트레칭이 운동수행력, 통증 자각도, 산화적 스트레스 및 피로물질에 미치는 영향(이지희 외, 한국체육과학회지 제31권 제6호 (자연과학 편) 2022.12 743-754 (12page)
소도구를 이용한 목 스트레칭 및 복부 운동이 통증, 스트레스, 혈액순환 변인에 미치는 영향(오봉석, 한국사회체육학회지 Vol.0 No.74 , 2018)

III. 이완과 순환을 위한 마사지 요법

피부-뇌

피부는 인체 최대의 기관으로서 단순한 물리적 방어벽을 넘어 복잡한 신경 내분비 기능을 수행하는 역동적 기관이다. 최근 연구들은 피부와 뇌 사이의 양방향 소통 체계를 규명하며, 이들의 상호작용이 전신건강에 미치는 영향에 주목하고 있다.

피부는 외배엽 유래 기관으로서 다음과 같은 주요 기능을 수행한다.

- 외부 스트레스 요인으로부터의 보호벽 기능
- 체온 조절 및 노폐물 배출을 통한 항상성 유지
- 신경 섬유를 통한 외부 자극의 감지 및 신호 전달
- 다양한 생리 활성물질의 생성 및 분비

피부는 독자적인 신경 내분비 시스템을 보유하고 있으며, 이를 통해 다음과 같은 기전으로 뇌 기능에 영향을 미친다.

신경전달물질 및 호르몬 생성

- 온도, 통각, 알레르기 물질, 자외선 등 외부 자극 감지
- 각종 호르몬과 신경전달물질 생성

• 뇌를 포함한 전신 기관으로의 신호 전달

면역-내분비 조절

• 다양한 생리 활성물질 분비
• 신경계, 면역계, 내분비계에 대한 직접적 영향
• '제3의 뇌' 개념의 실체적 근거 제공

최근 연구에 따르면 만성 피부염 환자, 건조한 피부, 자외선으로 손상된 피부를 가진 사람들의 인지기능이 저하된다는 보고가 있다.

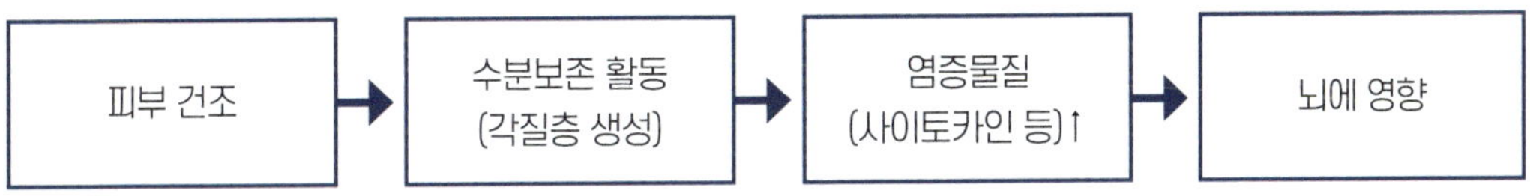

이처럼 피부가 뇌와 교신하면서 뇌의 일부처럼 기능하는 것으로 보이는 이유는, 피부가 수정란에서 처음 만들어질 때 뇌와 같은 외배엽 세포로부터 유래하기 때문이라는 가설에 근거한다.

그러므로 피부에 적절한 자극을 주어 관리한다면, 유익한 호르몬 분비와 신경전달물질 등을 유도해 스트레스와 불안 상태 등을 관리할 수 있다. 따라서 일상생활에서 이를 적극적으로 활용해 보기를 추천한다.

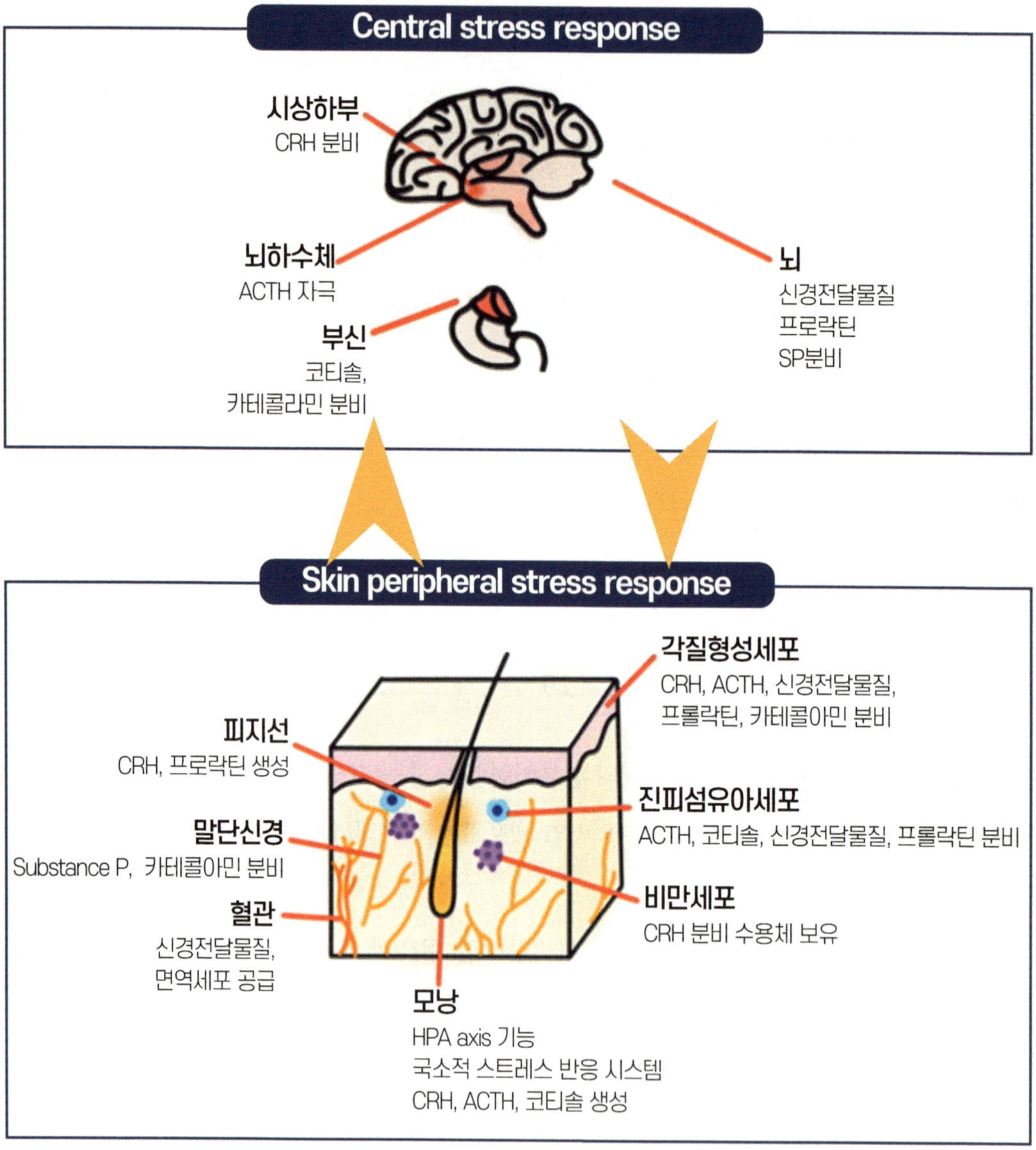

피부-뇌 교신(Ying Chen 외, 2014)

CRH: Corticotropin-Releasing Hormone, 코르티코트로핀 방출 호르몬
SP: Substance P, 신경펩타이드 계열의 신경전달물질
HPA axis: 시상하부-뇌하수체-부신 축
ACTH: Adrenocorticotropic Hormone, 부신피질자극호르몬
NT: Neurotransmitter, 신경전달물질

마사지

마사지를 하게 되면 뇌의 체성 감각 피질, 인슐라, 시상, 미상 및 소뇌와 함께 하부 및 후방 대상회(cingulate gyri)의 활동이 증가한다.

말초감각신경 중 특히 C-촉각 섬유가 자극되면 시상하부에서 옥시토신과 엔돌핀 분비를 촉진한다. 옥시토신은 시상하부(hypothalamus)-뇌하수체(pituitary)-부신(adrenal), 즉 HPA 축을 간접적으로 조절하여 ACTH 혹은 코티솔(cortisol)의 분비를 억제함으로써 스트레스 해소에 도움이 된다.

마사지는 또한 교감신경 및 부교감신경 활동의 조절에 관여하는 뇌 회로를 자극하여 부교감신경을 활성화한다. 이러한 영향은 스트레스 반응의 감소뿐만 아니라 염증 반응의 감소와 같은 면역 기능의 향상으로 이어진다.

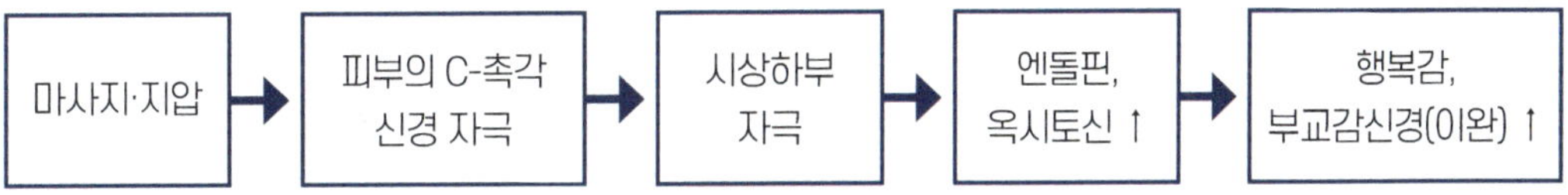

마사지가 인체에 미치는 영향의 분자생물학적 기전은 조직 내 기계적 자극이 혈관내피세포의 산화질소(NO) 생성을 촉진하는 것으로 시작한다. 생성된 산화질소는 세포 내 가용성 구아닐산 고리화효소를 활성화하여 이차전령물질인 고리형 구아노신 일인산(cGMP)의 생성을 증가시킨다. 이는 연쇄적으로 혈관 평활근을 이완시켜 국소 미세순환을 개선하는데, 특히 조직의 관류 증가를 통해 영양분과 산소의 공급을 촉진하고 대사 노폐물의 제거를 가속화한다. 더불어 근육 내 축적된 젖산과 같은 피로 유발 물질들의 제거를 촉진함으로써 근육의 피로 회복과 전반적인 신체기능 향상에 기여한다. 이러한 분자 수준의 생리학적 반응 경로는 마사지 요법이 단순한 물리적 자극을 넘어 체계적인 생화학적 변화를 유도하여 치료적 효과를 나타냄을 과학적으로 입증한다.

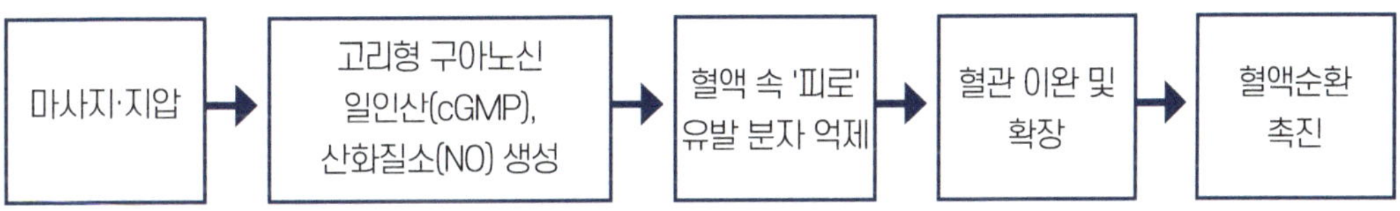

지압

지압은 침술과 같은 원리로 적용하는 비침습적 통합의학적 기술이다. 경락을 따라 위치한 경혈에 손가락, 손, 손가락 관절 또는 둔한 기구를 사용하여 압력을 가해 치료 효과를 보는 방법이다.

한의학 이론의 핵심 개념에 따르면, 지압은 경혈(경락)을 자극하여 생체 에너지인 “기” 흐름의 균형을 유지하도록 돕는다. 경혈에 가해지는 압력은 부교감신경 활성화를 유도하여 스트레스 해소와 편안함을 느끼게 해주고, 통증 감소, 기·혈액순환 등을 촉진한다. 약 1분 정도의 지압으로도 통증 완화 효과를 볼 수 있다.

지압하는 도중 특정 부위에서 통증이 느껴진다면, 이는 해당 경혈 주위의 기혈 흐름이 막혔다는 의미로 볼 수 있다. 이때는 통증이 사라질 때까지 지압해 준다.

기혈(氣血)	생체 에너지인 기(氣)와 혈액을 의미한다.
경혈(經穴)	기혈이 머무는 지점으로, 침술과 지압을 하는 위치를 말한다.
경락(經絡, channel network)	기혈이 흐르는 통로와 선을 의미한다. 인체에는 상하 12개, 좌우 15개 총 27개의 통로가 있어 뼈, 장기, 뇌, 피부까지 전체가 하나처럼 연결된다.

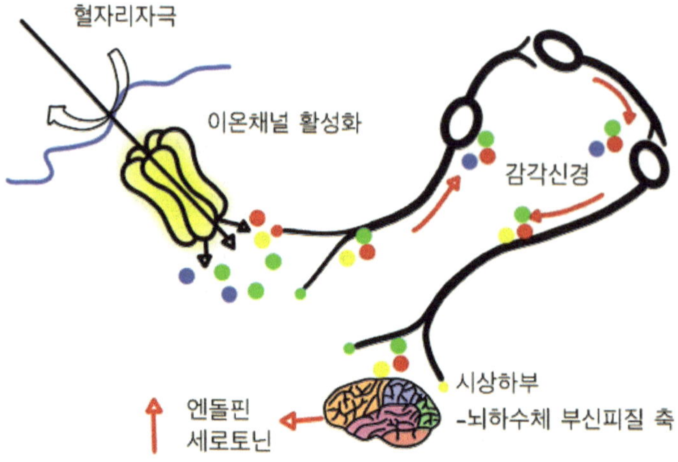

지압의 생리적 기전(Piyush Mehta 등, 2016)

반사요법

반사요법은 신체의 신경 및 순환계 자극, 즉 특정 반사점이나 반사영역을 자극하여 이에 반응하는 인체의 해당 장기와 조직에 영향을 미치는 마사지·지압 방법이다. 몸속에 건강 문제가 생기거나 장애가 발생하면 그와 상응하는 부위의 피부에 경혈 반응이나 통증이 나타난다.

반사점·반사영역의 위치

- 귀
- 발
- 손

마사지 · 지압 효과

- 마사지
- 지압
- 반사점(영역) 자극
- 경락, 경혈 자극

- 자율신경계 변화
- 내분비 변화
- 뇌파 변화

- 부교감신경 활성화(이완)
- 엔돌핀, 옥시토신 분비 증가
- 코티솔 감소
- 델타파 증가(이완)
- 통증감소
- 혈액순환, 림프순환, 기혈순환 ↑
- 불안, 우울 ↓
- 질병예방
- 면역 ↑
- 수면 ↑

이압(귀침) · 귀마사지

이압 요법은 1990년 WHO가 공식 인정한 보완대체요법으로, 귀의 특정 혈자리에 비침습적 압력을 가하는 치료법이다. 이 방법은 자가 실천이 가능하다는 장점이 있어, 현대인의 건강관리 수단으로 주목받고 있다.

귓바퀴는 뇌신경과 척추신경의 복잡한 신경 분포를 가지고 있으며, 최소 4개의 주요 신경이 전방 귓바퀴에 분포한다. 이들은 이개측두신경, 미주신경의 귓바퀴 가지, 소후두신경, 그리고 큰 귓바퀴신경으로 구성된다.

귓바퀴의 신경 분포는 이들 신경 사이에 광범위한 중첩이 존재하는 것이 특징이다. 이러한 복잡하고 풍부한 신경 분포는 이압 요법이 전신에 미치는 다양한 치료 효과를 설명하는 해부학적 근거가 된다. 특히 자율신경계 조절과 관련된 신경 성분들의 존재는 이압요법이 스트레스 관리와 전반적인 신체기능 조절에 효과적일 수 있음을 뒷받침한다.

이압 요법의 생리학적 작용은 주로 미주신경과 삼차신경의 신경 경로를 통해 이루어진다. 이러한 자극은 부교감신경을 활성화하여 스트레스 반응을 조절하고 자율신경계의 균형을 회복시킨다. 특히 신문점과 심장점과 같은 주요 혈자리는 교감신경의 활성을 억제함으로써 심신의 안정을 도모한다.

다양한 연구를 통해 이압 요법이 부교감신경 활성화와 자율신경계 안정화에 효과적임이 입증되었다. 이러한 과학적 근거를 바탕으로, 이압 요법은 현대인의 스트레스 관리와 건강 증진을 위한 효과적인 대안으로 활용될 수 있다.

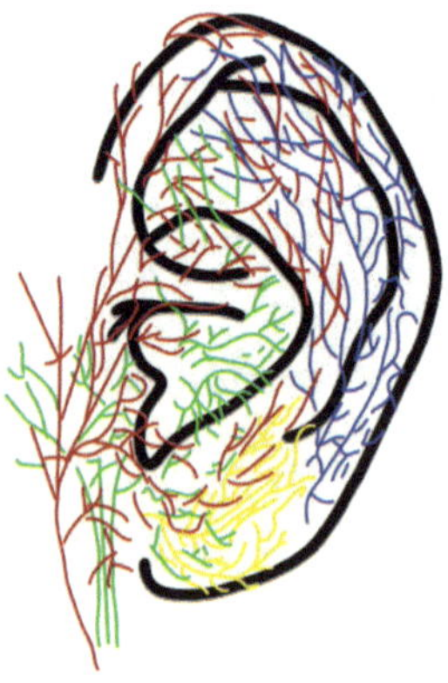

외부 귓바퀴의 신경 분포

귀 혈점의 분포

- 전체 약 270여 개의 이혈 분포
- 임상에서 약 150개의 혈점 사용
- 12경맥 중 6개가 귀와 연결

- 녹색: 미주신경
- 빨간색: 이개측두신경(삼차신경 하악 신경의 분지)
- 파란색: 소후두신경
- 노란색: 큰 귓바퀴 신경

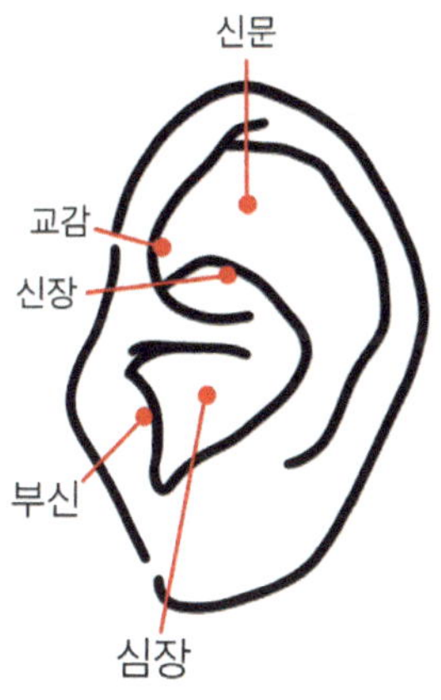

귀혈자리 (스트레스, 불안, 공황장애)

혈자리	효 과
신문점 귓구멍 앞쪽 오목한 부위	• 정신의 문: 미주신경을 자극하여 교감신경은 억제하고 부교감신경은 활성화시켜 심박수를 억제하는데 매우 효과적인 대뇌피질의 흥분과 억제를 조절해 마음을 안정시키고, 심리적 스트레스를 낮춰 정신안정에 도움 주어 통증, 불안 효과적 • 정신 안정 • 불면증 개선 • 스트레스 해소 • 불안감 감소 • 심신 안정
교감점 귓바퀴 안쪽 주름	• 자율신경계 조절 • 교감신경 억제 • 부교감신경 활성화 • 전반적 이완 유도
심장점 귓바퀴 중앙 오목한 곳	• 교감신경을 억제함으로써 심신을 안정시켜 스트레스를 완화 • 심장 기능 개선 • 혈액순환 촉진 • 가슴 답답함 완화 • 심신안정 도움
신장점 귓바퀴 아래쪽 깊은 곳	• 두려움과 불안을 다스려 심리적 안정에 효과 • 신장 기능 개선 • 부종 완화 • 피로 회복 • 요통 완화에 도움
부신점 귀의 이주(귀 입구 앞쪽 돌출부) 상단 부위에 위치	• 스트레스 완화: 부신에서 분비되는 코르티솔 조절. • 피로 회복 • 호르몬 균형 • 면역 강화

방법

- 먼저 귀 전체를 가볍게 마사지한다.
- 소독솜으로 귀바퀴를 소독한다.
- 혈자리에 지압 스티커를 부착하거나 면봉 등으로 부드럽게 눌러준다.
- 한 번에 한쪽 귀에 1~3개 정도 지압 스티커를 붙인다. 5개를 넘기지 않는다.
- 하루에 2~3회 , 1~2분(10분이내) 동안 지압 · 마사지 한다. 붙여놓은 스티커를 손가락으로 눌러 지압한다.
- 지압 스티커는 3~7일 사용이 적당: 장기간 같은 위치에 부착하면 피부 자극이나 감염 위험이 생길 수 있다.
- 피부를 보호하기 위해 일정 기간 후 스티커를 제거하고 휴식을 주는 것이 중요. 동일한 위치를 지속적으로 자극하면 피부가 민감해지거나 효과가 감소할 수 있다.
- 같은 반사점을 사용할 경우 며칠 간격을 두고 재시도

일상적 활용법

일상적 활용법	아침 루틴 (3-5분)	• 가볍게 귀 문지르기 • 주요 활성화 포인트 자극 • 신문점 중심 지압
	오후 피로해소 (2-3분)	• 신장점 자극 • 전체 귀 마사지 • 귓불 자극
	취침 전 이완 (5분)	• 수부드러운 전체 마사지 • 심장점 중심 지압 • 귀 전체 쓸어내리기
호흡 연계 지압	• 들숨 (4초) • 부드럽게 압력 증가 • 숨 참기 (2초) • 최대 압력 유지 • 날숨 (6초) • 천천히 압력 감소	

주의사항	압력 강도	• 시작은 부드럽게 • 점진적으로 강도 높이기 • 통증이 없는 범위에서 실시
	빈도 관리	• 하루 2-3회 권장 • 한 번에 10분 이내 • 개인 반응에 따라 조절
금기사항	• 귀 질환이 있는 경우 • 심한 염증이나 상처 • 피부 질환 • 귀 수술 후 회복 기간	

귀마사지

문지르고, 당기기, 문지르기, 주무르기, 마찰하기의 순으로 마사지 한다.

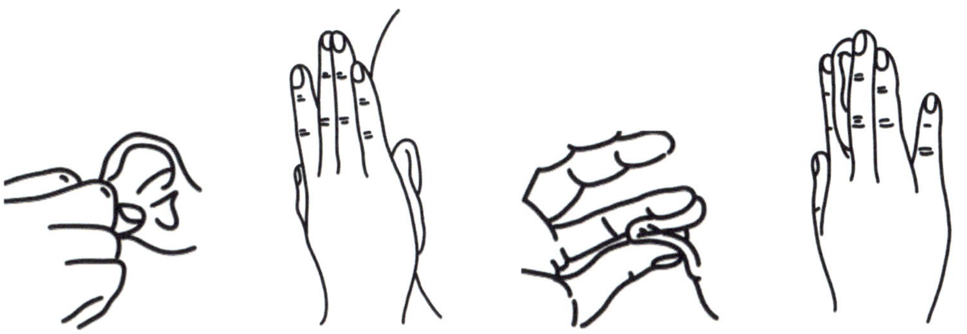

당기기 문지르기 주무르기 마찰하기

일일 체크리스트

날짜: ______년 ___월 ___일

즉각적 반응 평가 (시행 직후 체크)

이완감	□ 매우 좋음 □ 좋음 □ 보통 □ 미약 □ 없음 특이사항: ____________________
두통	□ 완전 해소 □ 많이 감소 □ 약간 감소 □ 변화 없음 □ 악화 위치: ____________________
목 긴장도	□ 매우 편안 □ 편안 □ 보통 □ 약간 긴장 □ 많이 긴장 특이사항: ____________________
전신 피로도	□ 매우 개선 □ 개선 □ 보통 □ 약간 피로 □ 매우 피로 에너지 레벨: ____________________

주간 변화 기록 (매주 일요일 체크)

수면의 질	- 입면 시간: ____ 분 - 중간 기상: ____ 회 - 수면 만족도: □ 매우 좋음 □ 좋음 □ 보통 □ 나쁨 □ 매우 나쁨
스트레스 대처력	스트레스 상황 횟수: ____ 회 - 대처 만족도: □ 매우 좋음 □ 좋음 □ 보통 □ 나쁨 □ 매우 나쁨 - 회복 시간: ____ 시간
전반적 컨디션	□ 매우 좋음 □ 좋음 □ 보통 □ 나쁨 □ 매우 나쁨
전신 피로도	□ 매우 개선 □ 개선 □ 보통 □ 약간 피로 □ 매우 피로 에너지 레벨: ____________________

월간 건강 평가 (매월 말일 체크)

즉각적 반응 평가 (시행 직후 체크)

감기 등 질병 발생	____ 회
피로 회복력	□ 매우 좋음 □ 좋음 □ 보통 □ 나쁨 □ 매우 나쁨
활력도	□ 매우 좋음 □ 좋음 □ 보통 □ 나쁨 □ 매우 나쁨

전반적 건강 상태

체중: ____ kg	맥박: ____ 회/분
혈압: ____/____ mmHg	운동량: ____ 시간/주

3개월 종합 평가

수면의 질	시작 시점: ___/10점 현재: ___/10점	개선사항: ____________________
스트레스 관리	시작 시점: ___/10점 현재: ___/10점	주요 변화: ____________________
전반적 컨디션	시작 시점: ___/10점 현재: ___/10점	특이사항: ____________________
면역력	시작 시점: ___/10점 현재: ___/10점	주요 변화: ____________________

종합 소견

가장 큰 개선점	
추가 관리가 필요한 부분	
향후 목표	

얼굴 마사지

얼굴은 인체에서 가장 조밀한 신경 분포를 보이는 부위로, 운동신경과 감각신경이 고도로 집중되어 있다. 이러한 해부학적 특성으로 인해 얼굴 부위의 자극은 전신 신경계에 직접적인 영향을 미칠 수 있다. 얼굴 자극을 통해 신경계의 건강을 증진시킬 수 있으며, 전반적인 순환 촉진과 이완 효과를 얻을 수 있다. 특히 얼굴은 특별한 도구나 환경의 제약 없이 언제 어디서나 쉽게 접근할 수 있어, 일상적인 스트레스 관리 도구로서 매우 실용적이다.

스트레스는 얼굴에서 가장 먼저 그리고 뚜렷하게 그 징후가 나타난다. 스트레스를 받으면 가장 먼저 안색이 어두워지고 표정이 경직되는데, 이는 교감신경의 과도한 흥분으로 인해 얼굴 근육이 긴장되고 혈액순환이 저하되면서 발생하는 현상이다. 얼굴 피부를 눌렀을 때 통증이 느껴진다면, 이는 해당 부위가 경직되어 있다는 신호로 받아들일 수 있다. 이러한 경우, 통증이 완화될 때까지 지속적인 마사지를 통해 혈액순환을 개선하고 근육의 이완을 도모할 수 있다.

구도 치아키 박사의 연구에 따르면, 얼굴 마사지는 단순한 피부 자극 이상의 중요한 생리학적 변화를 일으킨다. 얼굴을 적절히 자극하면 해당 부위의 혈류량이 증가하는데, 이는 뇌 활동에 직접적인 영향을 미친다. 특히 뇌로 전달되는 헤모글로빈의 양이 2배 이상 증가하는 것으로 확인되었다.

이러한 현상이 중요한 이유는 다음과 같다:

- 헤모글로빈 증가는 뇌에 더 많은 산소와 영양분이 공급됨을 의미한다.
- 증가된 혈류량은 뇌의 활성화를 촉진한다.
- 활성화된 뇌는 더욱 효율적으로 신경 전달 물질을 분비하고 전달한다.
- 이러한 과정을 통해 신경계 전반의 '막힘' 현상이 개선된다.

결과적으로 얼굴 마사지는 단순한 피부 관리나 근육 이완을 넘어서, 뇌 기능 개선과 신경계 전반의 효율성을 높이는 데 기여한다. 이는 스트레스 관리에 있어 얼굴 마사지가 가지는 과학적 근거를 제공한다.

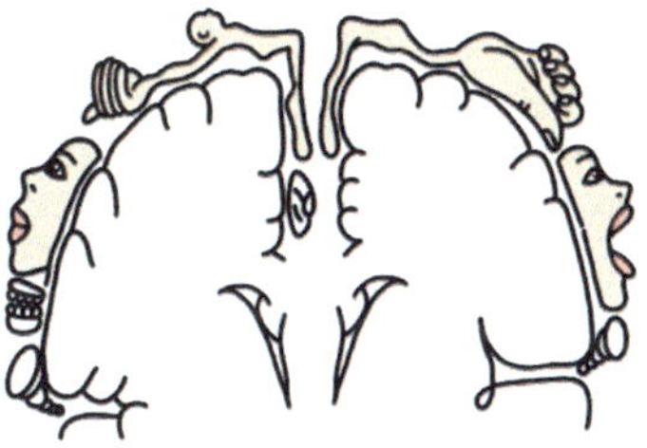

펜필드의 호문쿨루스

뇌속의 감각, 운동령에서 '얼굴', '손' 이 많은 범위를 차지하고 있는 것을 설명하는 그림

방법

얼굴 주무르기

- 중지를 콧방울 옆에 댄다.
- 검지는 광대뼈 위에, 약지는 인중 위에, 새끼손가락은 아랫입술 밑에, 엄지손가락은 뺨아래에 놓고 그대로 뺨전체를 주무른다.
- 30초간 천천히 2~3회 주무른다. 1~3을 3세트 실시한다.

얼굴 지압

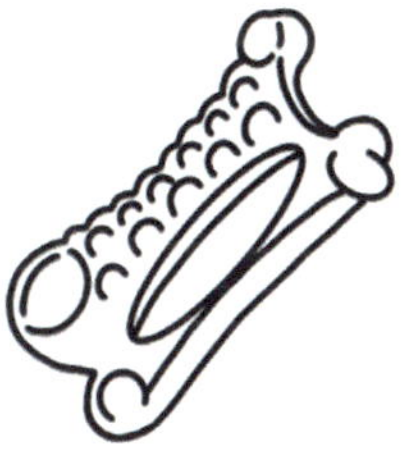

- 얼굴 지압은 손가락이나 적절한 도구를 사용하여 얼굴의 특정 혈자리나 경락점을 자극하는 마사지 기법이다. 이는 혈액 순환 개선, 피부 건강 증진, 스트레스 해소 등 다양한 효과를 가져올 수 있다.
- 준비물: 시중에 판매되는 괄사기 등 도구를 활용하나 손가락을 구부려 검지의 구부러진 관절 부분으로 지압해 주면 된다.

주요 지압점과 방법

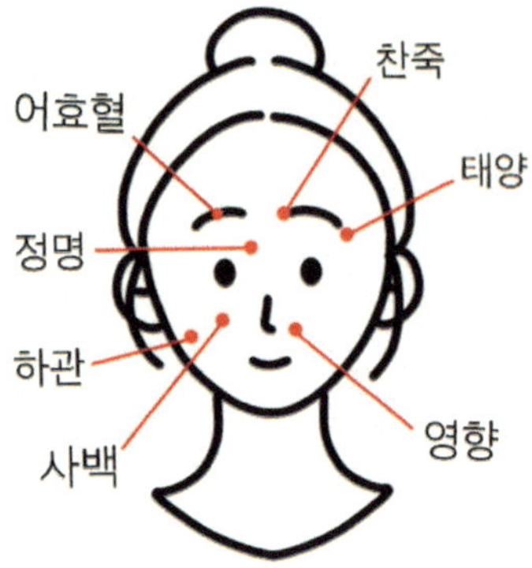

이마 부위

- 태양혈: 눈썹 끝에서 약 1인치 바깥쪽
- 방법: 엄지손가락으로 부드럽게 원을 그리며 3~5초간 지압
- 효과: 두통 완화, 눈의 피로 해소

눈 주변

- 찬죽혈: 눈의 안쪽 끝
- 어요혈: 눈의 바깥쪽 끝
- 방법: 검지손가락으로 가볍게 눌러 문지르기
- 효과: 시력 피로 감소, 눈의 긴장 완화

코 주변

- 영향혈: 콧방울 옆
- 방법: 검지와 중지로 동시에 지그시 누르기
- 효과: 비염 완화, 호흡 개선

볼 부위

- 사백혈: 광대뼈 아래
- 방법: 중지로 원을 그리며 마사지
- 효과: 안면 순환 개선, 피부 탄력 증진

턱선

- 하관혈: 아래턱 끝 부분
- 방법: 검지와 중지로 턱선을 따라 문지르기
- 효과: 턱 근육 이완, 저작근 긴장 완화

지압 시 주의사항

- 적절한 압력 조절
- 피부를 상하지 않게 부드럽게 시행
- 한 부위당 3~5초 정도 유지
- 규칙적인 호흡과 함께 진행
- 청결한 손으로 시행

영향혈

영향이라 불리는 이혈을 누르면 뇌의 혈류가 광범위하게 증가해 고산소 상태가 된다는 것이 뇌기능계측기에 의해 밝혀졌다. 스트레스로 안면근육이 경직되어 있을 때 영향 혈자리 및 그 주변을 손가락으로 누르면 통증이 심하다. 이때 괄사기를 활용하거나 손가락으로 통증이 없어질 때까지 지그시 누르면서 마사지 해주면 몸의 긴장감이 완화되면서 몸과 마음이 편해진다.

두피 마사지

두피와 스트레스의 관계는 매우 밀접하다. 스트레스로 인해 근육이 긴장하면 두피가 수축하게 되고, 이는 혈액순환 저하로 이어져 두피가 점차 딱딱해진다. 또한 스트레스로 인한 화기가 두부 쪽으로 쏠리는 현상(상기)이 발생하면 두피가 뜨거워지면서 탈모의 원인이 되기도 한다.

두피 마사지의 핵심적인 효과는 기혈순환 개선과 근육이완, 그리고 정서적 안정감 증진에 있다. 연구 결과에 따르면, 15분에서 25분 정도의 두피 마사지는 스트레스 호르몬인 노르에피네프린과 코티솔의 감소에 상당한 효과가 있는 것으로 확인되었으며, 다수의 연구에서 스트레스 완화 효과가 입증되었다.

특히 불안장애나 공황장애 환자들에게 두피 마사지는 중요한 의미를 가진다. 갑작스러운 불안 상태에서 심호흡과 함께 실시하는 두피 마사지는 '셀프 응급처치'로서 즉각적인 안정 효과를 제공하며, 더 심각한 불안 상태로의 진행을 예방할 수 있다. 더불어 두피의 혈액순환이 개선됨에 따라 탈모 예방 효과도 기대할 수 있다.

두피 마사지는 전문 마사지샵에서 서비스를 받을 수도 있지만, 손가락이나 적절한 도구를 활용한 셀프 마사지만으로도 충분한 스트레스 해소 효과를 얻을 수 있다. 두피 전체를 부드럽게 누르거나 문지르는 방식, 또는 특정 혈자리를 지압하는 방식으로 실시할 수 있으며, 특히 취침 전 편안한 자세에서 실시하는 두피 마사지는 수면의 질 향상에도 도움이 된다. 지압 시 통증이 느껴지는 부위는 그 통증이 완화될 때까지 지속적으로 마사지해 주는 것이 좋다.

방법

마사지·지압도구 또는 손가락을 활용하여 마사지 한다.

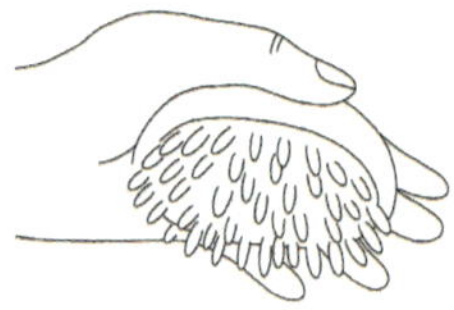

마사지·지압 영역	방법
두피 전체 마사지 	• 손가락(또는 도구)을 갈퀴처럼 세워 후두부에서 목과 두피에 걸쳐 아래 방향으로 부드럽게 문지른다(두정부 → 후두부→목, 두피전체). • 마사지는 "쓸어 내리는 느낌"으로 진행한다. • 머리 전체를 4~5회씩 반복하여 한 세트를 완성한다. • 자기 전, 스트레스를 느낄 때 2~3세트씩 시행한다.
두피 스트레칭 	• 헤어라인을 따라(이마중심부에 관자놀이 위쪽으로) 손가락을 구부리거나 괄사기 등 도구를 활용하여 부드럽게 눌러준다. • 두피로 몰린 열이 떨어지고 혈액순환 촉진 • 눈의 피로감도 줄일 수 있다.
후두부 마사지 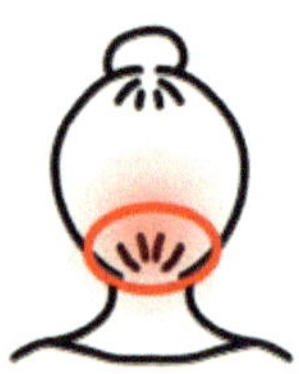	• 후두부에 손가락을 구부리거나 괄사기 등 도구를 활용하여 적당한 압력을 주어 눌러준다. • 혈액 순환 촉진 • 뭉친 근육 풀림 • 두통 완화 및 스트레스 해소
귀옆 마사지 	• 측두근에 손가락을 구부리거나 괄사기 등 도구를 활용하여 적당한 압력을 주어 눌러준다. • 스트레스를 받을 때 긴장이 쉽게 쌓이는 부위 • 긴장 완화, 두통 해소, 턱의 통증 완화에 효과적

마사지·지압 영역	방법
백회혈 지압 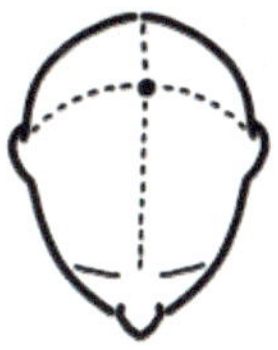	• '백가지 혈이 모여 있다' 하여 백회혈 • 손가락 끝이나 지압봉 등 도구를 활용하여 백회혈을 지그시 누르면서 지압· 마사지함. • 정신 안정 • 어지러움 해소 • 집중력 향상 • 긴장 완화

등 마사지

'동의보감'은 정신적 스트레스와 신체 증상의 관계를 명확히 설명하고 있다. 지나친 근심과 생각으로 인한 비(脾)의 손상, 그리고 분노로 인한 간(肝)의 손상이 허리 통증으로 이어질 수 있다는 것이다.

척추는 인체의 중심 기둥으로서, 뇌에서 시작된 신경들이 척추를 통해 전신으로 분포한다. 특히 자율신경계, 그중에서도 교감신경과 관련된 신경들이 척추를 통해 출입하기 때문에, 척추의 건강 상태는 자율신경계의 기능에 직접적인 영향을 미친다.

스트레스는 기혈 순환을 저해하고 등 근육을 수축시켜 신경과 혈액의 순환을 방해한다. 이로 인해 호흡이 얕아지고 교감신경이 과도하게 흥분된 상태가 지속되면, 이는 불안이나 공황장애로 발전할 수 있다. 최근 연구에서는 척추 손상이 있는 사람들에게서 불안장애, 우울증, 불면의 위험성이 증가한다는 사실이 밝혀졌는데, 이는 척추 건강과 정신 건강의 밀접한 연관성을 입증하는 결과이다.

또한 스트레스로 인한 장운동 저하로 복부 팽만감이나 소화장애가 발생했을 때, 등 지압과 마사지를 통해 장운동을 촉진하고 전신 순환을 개선할 수 있다. 척추에는 12개의 경혈이 있으며, 각각의 경혈은 체내 특정 장기들과 연결되어 있다. 등에는 또한 여러 중요한 근육들이 분포하는데, 스트레스에 특히 민감한 승모근, 어깨뼈를 지탱하는 마름근, 어깨와 등 통증과 관련된 광배근이 대표적이다. 따라서 등 지압과 마사지는 이러한 12개의 경혈과 주요 근육들을 중심으로 실시하는 것이 효과적이다.

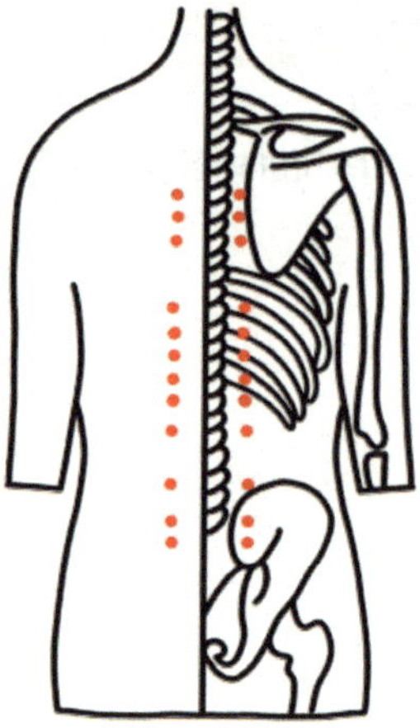

척추에는 12개의 경혈이 있으며
각 경혈은 체내 장기와 연결되어 있다.

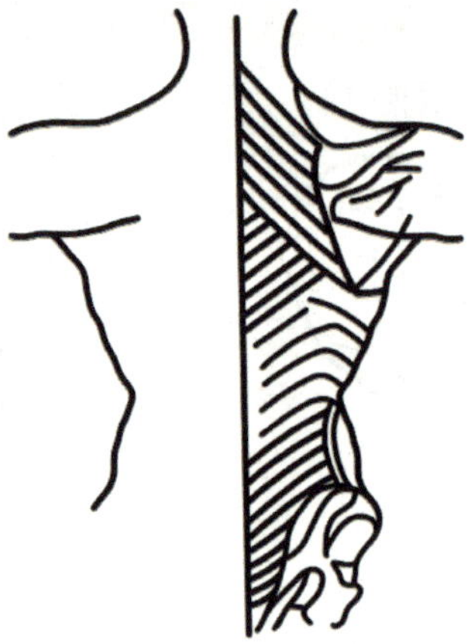

척추 주변에는 승모근, 광배근, 능형근 등
여러 종류의 근육이 있다.

준비물: 테니스공, 등마사지 도구 등

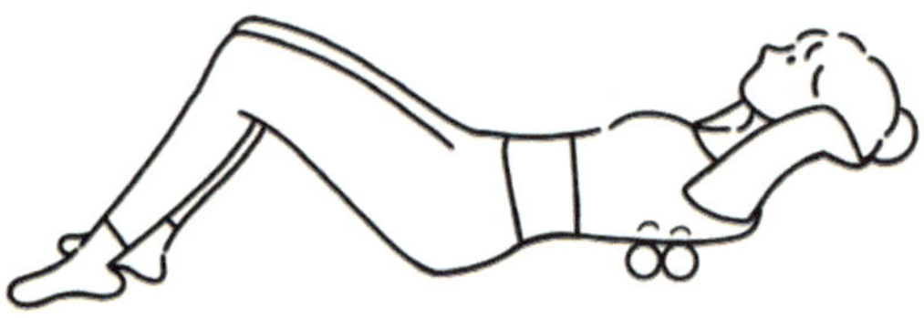

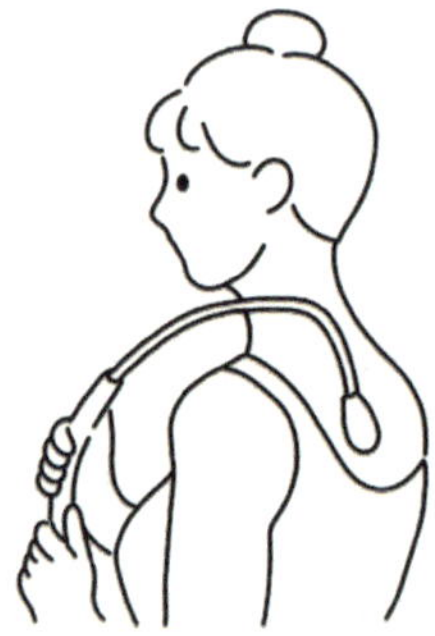

방법

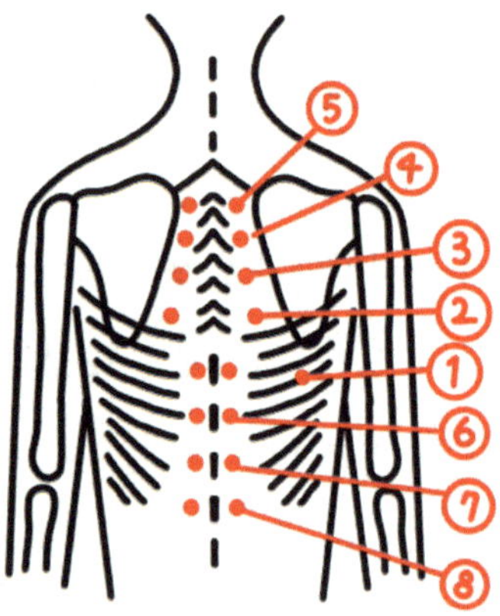

등뼈 아래에 공을 놓고 몸을 바닥에 밀착한다.
① ~ ⑧ 순으로 공을 등 밑에 두고 마사지 한다.

손 마사지

손은 인체의 축소판으로서, 수태음폐경, 수양명대장경, 수소음심경, 수태양소장경, 수궐음심포경, 수소양삼초경의 6개 경락과 주요 혈자리가 분포되어 있다. 또한, 손에는 전신 장기와 연결된 다양한 반사점이 위치 해 있어, 이를 자극하는 지압과 마사지는 전신 건강에 긍정적인 영향을 미친다.

손의 경락과 반사점을 활용한 지압은 혈액순환을 촉진하고, 스트레스를 완화하며, 피로를 회복시키는 데 효과적이다. 특히, 내장 기관의 기능을 조절하고 전신의 균형을 유지하는 데 도움을 줄 수 있다.

이 간단한 방법은 누구나 실천할 수 있는 건강 관리법으로, 꾸준히 시행하면 신체와 정신의 건강 증진에 크게 기여할 수 있다.

스트레스 해소 손 지압

혈자리	효과	방법
노궁혈 • 제3, 4 중수골 사이의 오목한 곳 • 중지를 구부렸을 때 중지 끝이 닿는 부위 	• 노궁혈(勞宮穴)은 심포경(心包經)의 중요한 혈자리로, 손바닥의 중심부에 위치한다. 이 혈자리는 특히 정신적 안정과 스트레스 해소에 탁월한 효과가 있는 것으로 알려져 있다. • **정신적 효과 / 불안감 감소 / 심리적 안정 / 스트레스 해소 / 불면증 개선 / 손바닥 열감 완화/ 심계항진 감소 / 혈액순환 개선 / 소화기능 조절**	• 반대편 엄지로 부드럽게 압박 • 3~5초간 지압 유지 원을 그리듯 부드럽게 마사지 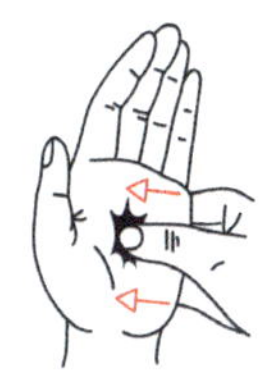
소부혈 • 손바닥 새끼손가락 쪽 • 제5중수지관절 바로 위쪽 손바닥과 새끼손가락이 만나는 지점의 오목한 곳 	• 소부혈(少府穴)은 심경(心經)의 혈자리로, 정신적 안정과 심신의 균형을 도모하는 데 중요한 역할을 한다. • 심경의 중요 혈자리, 화(火)의 성질, 심장과 직접적 연관성 • **심리적 안정 / 불안감 완화 / 심신 안정 / 감정 조절 스트레스 해소 / 심계항진 감소 / 흉부 불편감 해소 불면증 개선 / 혈액순환 촉진**	• 반대쪽 엄지로 부드럽게 압박 • 3~5초간 지속적 압박 • 원을 그리며 부드럽게 마사지

혈자리	효과	방법
신문혈 • 손목 안쪽의 노골(尺骨) 쪽 • 손목 주름의 바로 위쪽 • 자뼈(척골) 옆의 오목한 부위 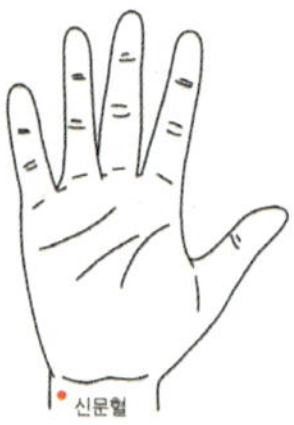	• 신문혈(神門穴)은 심경(心經)의 혈자리로, 정신적 안정과 심신의 조화를 도모하는 데 있어 매우 중요한 역할을 한다. • 심경의 수혈(輸穴), 팔혈(八穴) 중 하나, 정신 안정의 주요 혈자리 • **심리적 효과 / 불면증 개선 / 불안감 해소 / 스트레스 완화 / 정서 안정 / 심계항진 감소 / 혈압 안정 / 두통 완화 / 진정 작용**	• 반대쪽 엄지로 부드럽게 압박 • 3~5초간 지압 유지 • 원을 그리며 마사지
합곡혈 • 엄지와 검지 사이 솟아오른 부위 • 제1, 2중수골 사이점 • 검지 쪽으로 치우친 지점 	• 합곡혈(合谷穴)은 수양명대장경(手陽明大腸經)의 중요한 혈자리로, 전신 기혈순환과 정신 안정에 탁월한 효과가 있다. • 대장경의 원혈(原穴), 사총혈(四總穴) 중 하나, 얼굴부위 질환의 요혈 • **스트레스 해소 / 긴장 완화 / 정서 안정 / 집중력 향상 / 두통 완화 / 안면 통증 감소 / 치통 경감 / 전신 기혈순환 촉진**	• 반대쪽 엄지로 적절한 강도로 압박 • 3~5초간 지압 유지 • 시계방향으로 원을 그리며 마사지

발 마사지

발의 자극은 단순한 물리적 접촉 이상의 의미를 가진다. 발을 마사지하거나 만지는 것만으로도 전신의 기혈 순환이 촉진되며, 이는 여러 생리학적 변화를 수반한다. 구체적으로는 스트레스 호르몬의 분비가 감소하고 긍정적 감정을 유도하는 호르몬의 분비가 증가하며, 부교감신경계가 활성화되고 뇌파 중 안정을 나타내는 알파파가 증가하는 것이 확인되었다.

이러한 반응이 일어나는 것은 발에 분포된 말초신경 수용체와 관련이 있다. 발의 자극은 귀나 손의 자극과 마찬가지로, 말초신경 수용체를 통해 반사 반응을 일으키며, 이는 인체의 특정 부위와 장기에 직접적인 영향을 미친다. 이러한 신경생리학적 메커니즘은 발 마사지가 스트레스 관리에 매우 효과적인 방법임을 뒷받침한다.

발 마사지는 전문가의 도움을 받아 실시할 수도 있고, 시간적 제약이 있는 경우 셀프 마사지로도 충분한 효과를 볼 수 있다. 특히 바쁜 현대인들에게 셀프 마사지는 시간과 장소에 구애받지 않고 실천할 수 있는 실용적인 스트레스 관리 방법이 될 수 있다

스트레스 해소 발지압

혈자리	효 과	방 법
태충혈 • 엄지발가락과 검지발가락이 만나는 점에서 뒤로 약 1cm 부위 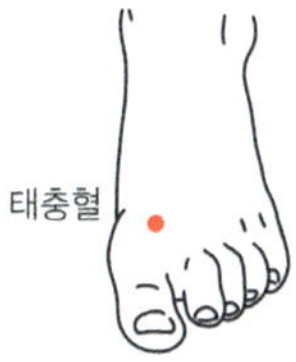 	• 태충혈(太衝穴)은 발의 주요 혈자리 중 하나로, 특히 스트레스 관리에 중요한 역할을 하는 혈자리이다. • 간기(肝氣) 소통 • **기혈순환 촉진 / 정신 안정 / 긴장 완화 / 화(火)의 하강 유도 / 정서적 안정감 증진 /불안감 감소**	• 손가락이나 지압봉으로 3~5초 눌러 준다. 5~10회 • 엄지손가락으로 점진적 압박 • 3~5초간 지압 유지 • 통증이 느껴지지 않는 정도의 강도 유지
용천혈 • 발바닥 앞쪽 1/3 지점의 오목한 곳에 위치하며, 발가락을 구부릴 때 생기는 발바닥의 가장 깊은 곳  	• 용천혈은 그 이름이 의미하는 것처럼 '샘물이 솟아나는 곳'이라는 뜻을 가지고 있으며, 이는 이 혈자리가 가진 강력한 에너지 순환의 특성을 상징한다. 한의학에서는 이 혈자리가 신장의 기운을 돋우고 음양의 균형을 조절하는 중요한 역할을 한다고 본다. • 스트레스 관리 측면에서 용천혈의 자극은 특히 효과적이다. 이 혈자리를 지압하면 과도하게 상승한 양기를 아래로 내려주어 심신을 안정시키는 효과가 있다. 또한 불면증, 불안, 두통과 같은 스트레스 관련 증상의 완화에도 도움이 된다. • **자율신경계 안정화 / 과도한 긴장과 흥분 완화 수면의 질 개선 / 정신적 피로 해소 / 전반적인 기혈순환 촉진**	• 손가락이나 지압봉으로 3~5초 눌러 준다. 5~10회 • 엄지손가락으로 점진적 압박 • 3~5초간 지압 유지 • 통증이 느껴지지 않는 정도의 강도 유지

발마사지

- 발마사지는 한 번에 10분, 주 3회 실시하면 좋다
- 오일은 호호바오일에 수면 촉진·통증 완화 효과가 있다고 알려진 에센셜오일을 섞어 사용한다. 라벤더, 오렌지스위트, 마조람스위트, 카모마일 오일 등을 추천한다.

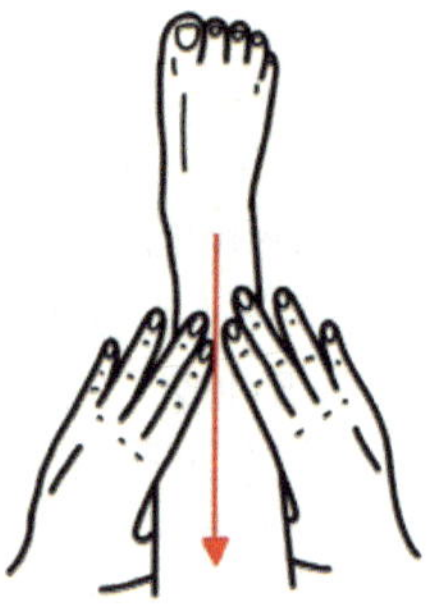

양손을 모아 발목에서 무릎까지 5회 마사지 한다.

엄지와 검지로 발가락을 하나하나 천천히 동그라미를 그리며 마사지 한다.

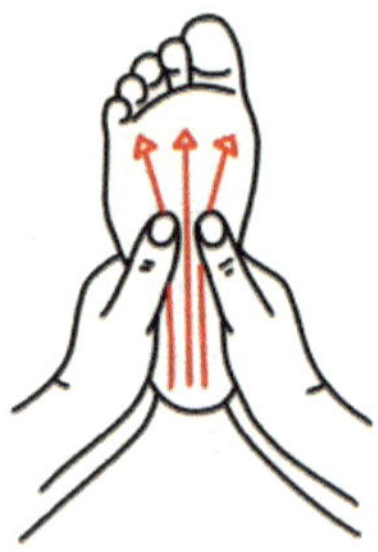

양쪽 엄지로 뒤꿈치부터발가락쪽으로 쓸어내린다.

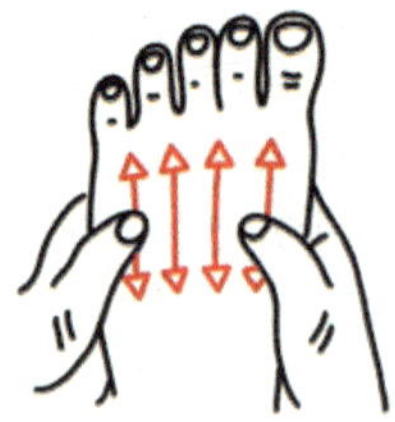

발가락뼈 사이에 양손의 엄지로 누르며 문지른다. 5회 왕복

도구 활용 발마사지 · 지압

도구	방법
마사지볼 	• 먼저 의자에 앉은 뒤 발바닥 아래 테니스공을 놓는다. • 발바닥 아치 중간에 공을 놓고 눌러주고 아치 안쪽 바깥쪽 골고루 20회 마사지하기 • 공을 발뒤꿈치에 두고 눌러주고 20회 마사지 하기 • 발가락 아래에 두고 눌러주고 20회 마사지 하기 • 반대쪽 발 마사지 하기 • 2세트 실시한다.
풋롤러 	• 발바닥에 체중을 실어서 굴리는 것을 무게를 이용하기 때문에 강한 지압 효과를 얻을 수 있다.

도구	방법
풋매트 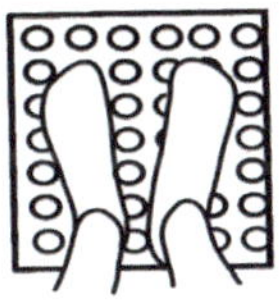	• 지압 모서리가 올라와 있어서 밟으면 자연스럽게 지압이 가능하다.
발지압봉 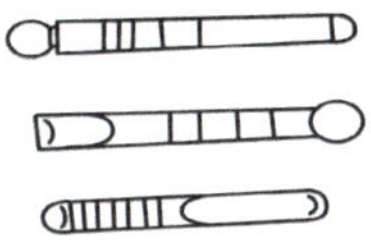	• 적은 힘으로 정확히 반사구를 자극할 수 있어서 좋다.
발마사지기 	• 기계로 온열과 지압, 마사지를 제공하는 방법
지압슬리퍼 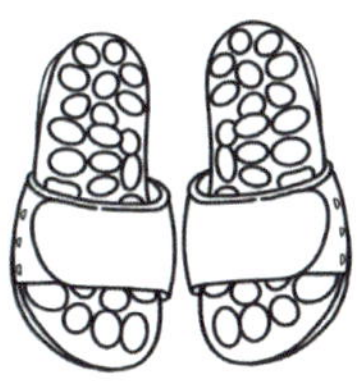	• 신발에 있는 자극침이 발바닥의 경혈, 반사구를 자극하여 신체기관 활성화 혈액순환 촉진, 부교감신경 자극

더 읽을거리

제3의 뇌(덴다 미쓰히로, 열린과학, 2009)

하루10분 귀마사지의 힘(최은하, 위즈덤하우스, 2024)

손마사지(스테파니 사분치안, 콤마, 2024)

누구나 쉽게 따라는 마사지와 지압: 발 반사요법

귀잡고 병잡고(이경제, 그림씨, 2020)

신경청소혁명(구야 치아티, 비타북스, 2023)

척추만 잘~자극해도 병의 90%는 낫는다.(전나무숲, 선재광, 2021)

이압요법이 외래 간호사의 스트레스, 불안 및 우울에 미치는 효과(이세나, 2019, 연세대학교대학원)

발반사 마사지 효과의 메타분석(최미희, 2015, 서경대학교대학원)

셀프 두피 마사지가 스트레스에 미치는 효과에 관한 연구(김수현 외, 국제문화예술 5권 1호 13-31(19pages), 2004)

향요법 손마사지가 치매노인의 인지기능, 수면장애 및 문제행동에 미치는 효과(이선영, 임상간호연구 Vol.14 No.2, 2008)

직장여성의 스트레스 완화에 대한 등 마사지 시술효과(윤석나, 인제대학교대학원, 2010)

셀프 경락마사지가 얼굴피부의 탄력도, 혈류량, 피부색에 미치는 영향 (정윤영, 경기대학교대학원, 2009)

Brain-Skin Connection: Stress, Inflammation and Skin Aging(Ying Chen 외, Inflamm Allergy Drug Targets. 2014 Jun;13(3):177–190)

The human touch: A connected neuro - cellular skin - brain network(Didier 외, Skin Res Technol. 2023 Apr 11;29(4):e13278

Massage Therapy for Psychiatric Disorders(Mark 외, Focus. 2018 Jan 24;16(1):24–31

Ectodermal origins of the skin-brain axis: a novel model for the developing brain, inflammation, and neurodevelopmental conditions(C Jameson 외, Mol Psychiatry. 2022 Oct 25;28(1):108–117)

The skin - brain connection and pleasant touch as supportive care for psychocutaneous disorders(Bárbara 외, Skin Health Dis. 2023 Dec 1;4(1):e310)

"Mens Sana in Cute Sana"—A State of the Art of Mutual Etiopathogenetic Influence and

Relevant Pathophysiological Pathways between Skin and Mental Disorders: An Integrated Approach to Contemporary Psychopathological Scenarios(Vincenzo Papa 등, Cells. 2023 Jul 12;12(14):1828)

Contemporary acupressure therapy: Adroit cure for painless recovery of therapeutic ailments(Piyush Mehta, J Tradit Complement Med. 2016 Jul 22;7(2):251-263)

The effectiveness of aromatherapy, massage and reflexology in people with palliative care needs: A systematic review(Bridget Candy 등, Palliat Med. 2019 Oct 29;34(2):179-194)

The effects of foot reflexology on blood pressure and heart rate: A randomized clinical trial in stage - 2 hypertensive patients(Praew Kotruchin 등, J Clin Hypertens (Greenwich). 2020 Nov 15;23(3):680-686)

Effects of auricular acupressure on test anxiety in medical students: a randomized parallel-group trial(Zinab Mosavi 외, BMC Med Educ. 2023 Nov 7;23:835)

Moyer C.A., Seefeldt L., Mann E.S. Does massage therapy reduce cortisol? A comprehensive quantitative review. (J Bodyw Mov Ther. 2011;15:3-14)

Effect of Foot Reflexology Intervention on Depression, Anxiety, and Sleep Quality in Adults: A Meta-Analysis and Metaregression of Randomized Controlled Trials(Wei-Li Wang 등, Evid Based Complement Alternat Med. 2020 Sep 15;2020:2654353)

VI. 이완과 순환을 위한 온열요법

스트레스가 지속되면 우리 몸의 자율신경계, 특히 교감신경이 과도하게 긴장 상태를 유지하게 된다. 이러한 상태에서는 아드레날린의 분비가 증가하며, 이는 혈관을 수축시키는 결과를 초래한다. 혈관이 수축되면 혈류의 정체가 발생하고, 이는 전반적인 신체 기능의 저하로 이어진다.

혈류 정체는 크게 두 가지 측면에서 문제를 일으킨다. 첫째, 산소와 영양분의 원활한 운반이 어려워지고, 둘째, 이산화탄소와 노폐물의 배출이 지연된다. 이러한 상황이 지속되면 세포의 대사기능이 저하되고, 결과적으로 에너지 생성이 감소하여 체온이 36℃ 이하로 떨어지는 저체온 상태에 이르게 된다.

체온 저하는 단순한 온도의 문제가 아니라 세포 활성도의 저하를 의미한다. 정상적인 상태에서 우리 몸의 세포들은 활발하게 움직이며 열을 발생시키는데, 체온이 떨어졌다는 것은 이러한 세포들의 활동이 둔화되었다는 것을 의미한다. 이는 전반적인 신체 기능의 저하로 이어질 수 있는 중요한 신호이다.

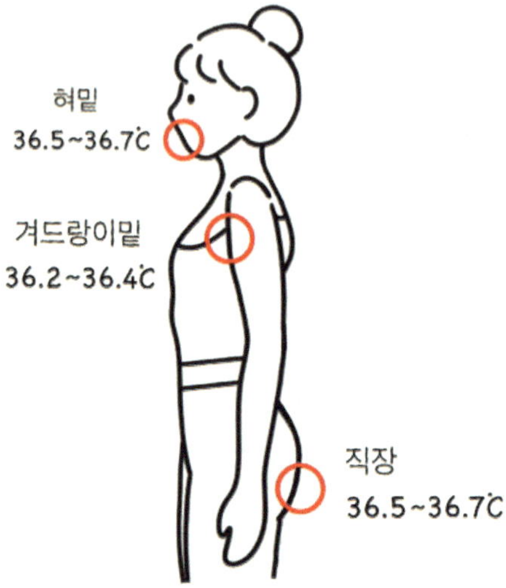

건강하고 면연력이 높은 사람의 평균 체온은

36.5~37℃이다. 체온이 1℃ 내려가면 면역력이 30% 이상 내려가고, 체온이 1℃ 올라가면 면역력은 5~6배 올라간다. 체온이 36℃ 아래로 떨어지면 우리 몸은 긴장 상태로 돌입하여 교감신경이 활성화된다. 그렇게 되면 혈관이 수축 되어 손발 등 말단 혈류부터 혈행이 나빠지기 시작하고 전체 순환 혈류도 나빠지게 된다. 체온이 내려가면 혈류가 나빠져서 신진대사가 떨어지고 다양한 건강문제가 생길 수 있다.

체온 36℃ ↓ → 교감신경↑

체온이 저하된 상태를 개선하기 위해서는 체온을 적절히 상승시키는 것이 매우 중요하다. 이를 위한 방법으로 다양한 온열요법이 활용되고 있는데, 이는 전문적인 의료 영역부터 일상적인 건강관리까지 폭넓게 적용되고 있다.

의료 분야에서는 물리치료의 일환으로 온열요법이 활발히 활용되고 있다. 원적외선이나 고주파를 이용하여 신체를 따뜻하게 하는 이학요법(理學療法)이 대표적이며, 암 치료 영역에서는 악성종양에 열을 가하여 치료하는 하이퍼서미어(hyperthermia) 요법이 시행되고 있다.

일상생활에서도 다양한 형태의 온열요법을 실천할 수 있다. 사우나나 족욕, 반신욕과 같은 적극적인 온열 케어부터, 수면 시 양말을 착용하거나 하의를 따뜻하게 입는 것과 같은 기본적인 체온 관리까지, 몸을 따뜻하게 유지하는 모든 건강관리법이 넓은 의미의 온열요법에 포함된다. 이러한 일상적인 온열 관리는 건강한 체온 유지에 도움이 되며, 결과적으로 전반적인 건강 증진에 기여할 수 있다.

효과

- 온열요법은 자율신경계를 안정시켜 스트레스 호르몬인 코르티솔의 분비를 줄인다. 이는 마음의 안정을 도모하고, 심신의 스트레스를 감소시키며, 전반적인 정신 건강에 긍정적인 영향을 준다.
- 온열요법은 피부와 근육 조직의 온도를 높여 혈관을 이완시킨다. 이로 인해 혈류가 증가하며, 산소와 영양분이 더 많이 공급되어 손상된 조직의 치유가 촉진되고, 동시에 대사

산물이 빠르게 제거되어 염증회복에 도움이 된다. 또한 통증도 이완된다.

- 온열요법은 근육의 긴장을 완화시키고 경직된 근육을 풀어 준다. 이는 근육통과 경련을 줄이는 데 효과적이다. 특히, 만성 통증 환자에게 큰 도움이 되며, 근육의 유연성을 증가시켜 운동 기능을 개선 한다.
- 온열요법은 체온을 일시적으로 상승시켜 몸의 면역 시스템을 활성화 시킨다. 체온 상승은 백혈구 활동을 촉진하여 면역력을 향상시킨다.

스트레스 완화 입욕제

입욕제는 식물의 잎, 뿌리, 껍질, 열매 등 천연 재료를 목욕물에 첨가하는 것을 의미한다. 이러한 자연 재료에 포함된 향성분은 인체에 다양한 경로로 작용한다. 향성분은 비점막과 피부를 통해 혈액으로 흡수되어 뇌로 전달되며, 이 과정에서 신경계를 이완시키는 효과를 나타낸다. 또한 내분비계와 면역계를 자극하여 전반적인 심신의 건강을 증진시키는 데 도움을 준다.

입욕제	효능	방법
[심신 안정 블렌드] - 라벤더 3방울 - 클라리세이지 2방울 - 버가못 2방울 + 캐리어오일 20ml + 엡솜솔트 1/2컵	불안감 완화, 긴장 해소, 마음 안정	따뜻한 물에 블렌드 전체를 녹여 사용
[근육 이완 블렌드] - 페퍼민트 2방울 - 로즈마리 2방울 - 유칼립투스 2방울 + 캐리어오일 20ml + 히말라야 핑크솔트 1/2컵	근육 이완, 혈액순환 개선, 피로 회복	따뜻한 물에 블렌드 전체를 녹여 사용
[숙면 유도 블렌드] - 라벤더 3방울 - 카모마일 2방울 - 일랑일랑 2방울 + 캐리어오일 20ml + 엡솜솔트 1/2컵	숙면 유도, 불면증 완화, 편안한 휴식	따뜻한 물에 블렌드 전체를 녹여 사용

입욕제	효능	방법
쑥	향긋한 향이 날뿐만 아니라 쑥에 함유된 정유(精油)가 풀려서 피부 표면의 모세혈관을 가볍게 자극, 혈액순환을 돕는다	말린 잎이나 생잎을 10장 정도 목욕물에 넣는다.
귤, 레몬, 유자 등 '감귤류의 껍질'	정유가 함유되어 있다. 이것이 물에 용해되어 피부에 닿으면 혈류가 좋아지고 몸이 오랫동안 훈훈하게 유지된다. 여기에 향긋한 향이 반사적으로 뇌의 중추신경을 자극해서 혈액 순환을 촉진하는 시너지 효과를 가져온다. 또한 신경통, 요통 등에도 좋다.	3~4개의 감귤류 껍질을 햇볕에 말려 목욕물에 넣는다.
민트(박하)	상쾌한 향: 박하의 시원하고 청량한 향이 목욕 중 피로를 풀어주고 기분을 상쾌하게 만들어준다. 진정 효과: 박하는 근육 이완과 통증 완화에 도움을 주며, 스트레스를 줄여주는 효과가 있다. 피부 진정: 박하의 자연 성분이 피부를 진정시키고, 세정 효과가 뛰어나 피부를 상쾌하게 해준다.	말린 잎 10장 정도 목욕물에 넣는다.
생강	냉증 개선, 불면증 개선	생강 한 개를 갈아서 목욕물에 풀거나 면주머니에 넣어 목욕물에 넣는다.
장미	스트레스 해소	꽃잎 몇 장을 목욕물에 띄운다.
레몬	스트레스 해소, 불면증 개선	한 개를 반으로 잘라 목욕물에 넣는다.
굵은 소금 또는 죽염	부기를 빼주거나 노폐물 제거 냉증 개선	소금 한 줌을 목욕물에 넣는다.
소주나 청주	술을 넣으면 몸이 쉽게 데워지고 노폐물이 잘 배출된다. 알코올 성분이 피부의 기름을 녹여 제거하기 때문에 땀구멍 깊은 곳의 이물질까지 없앨 수 있어 피부미용에도 좋다.	청주(14도이므로 2리터) 또는 소주(25도이므로 1리터) 목욕물에 넣어 잘 섞는다.

반신욕

미지근한 탕은 부교감신경을 자극한다. 미지근한 탕에 몸을 담그면 혈관이 확장되어 혈행이 좋아지고 뇌에서 알파파가 나와 심신이 편안해 진다. 또 면역력이 좋아져 병을 예방하거나 개선하는데 도움을 준다. 과도한 스트레스로 만들어진 화기가 머리와 상반신에 집중되어 생기(상기)는 두통, 소화불량, 복부팽만감, 불면증 등이 완화된다.

한의학에서는 만병의 근원은 상반신 체온이 높아지고 하반신 체온이 낮아지는 체온의 상하차인 냉(冷)상태에 있다고 하는데 반신욕은 하반신을 따뜻하게 함으로써 혈액순환 장애를 초래하는 이 냉을 없애는 것으로 머리는 차갑고 발을 따뜻하게 하는 두한족열(頭寒足熱) 상태의 건강 목욕법을 일컫는다.

부교감신경이 활성화되기 좋은 온도는 39℃의 미온수이다. 뜨거운 물은 교감신경을 자극한다. 자신의 체온보다 4℃를 더한 온도가 몸을 담그기 적당한 온도라고 하기도 한다, 실제로 들어가 보고 기분이 좋게 느끼는 온도가 적당하다. 41℃ 이상의 목욕물은 교감신경을 자극하여 자율신경 균형이 깨질 수 있다.

반신욕을 시작하고 처음 일주일 정도는 큰 변화를 없을 수 있으나 1~2주가 지나면서 몸이 많이 따뜻해지는 것을 느낄 수 있고 장운동이 잘 일어나고 마음 편안해 짐을 느낄 수 있다. 이로인해 몸 전체 순환이 개선되어 차츰 몸과 마음이 차츰 가벼워지는 것을 확인 할 수 있다. 평소 스트레스로 몸이 생기를 잃었다면 반신욕을 권한다.

반신욕 효과

- 자율신경계 조절
- 체온 상승에 따른 신진대사 활성화
- 혈액순환 개선
- 면역력 강화
- 호르몬 밸런스 조절
- 수승화강

반신욕 최적 조건

- 물 온도: 38~40℃
- 수위: 배꼽 위 5cm
- 실내 온도: 동절기 20℃
- 습도: 50~60%
- 기본 시간: 20~30분

반신욕 실천하기

준비 단계	• 실내 온도 조절 (동절기 20℃) • 물 온도 확인 (38~40℃) • 수건 준비 • 따뜻한 물 한 잔, 입욕제 준비 • 간단한 스트레칭 • 좋아하는 음악 또는 명상음악
실행 단계	• 가슴 아래(명치 아래)까지만 물에 담그고, 두 팔도 욕조 양쪽에 걸쳐 둔다 • 20~30분 후 욕조에서 나와 미지근한 물로 씻기
마무리 단계	• 목욕이 끝나면 몸에 물기가 약간 남아있는 상태에서 보습제를 발라 피부가 건조하지 않도록 하며, 양말을 신고 하반신은 두꺼운 옷을 입어 보온하는 것이 중요하다. • 따뜻한 차 마시기 • 30분 정도 누워서 휴식을 취하는 것이 좋다

반신욕 시 주의사항

- 증상이 나타날 경우 즉시 중단: 머리가 아찔하거나 매스꺼움, 현기증, 심장 두근거림, 가슴 불편함, 두통, 한기와 냉기 등의 증상이 발생하면 즉시 반신욕을 중단하고 욕조에서 나온다.
- 건강 상태에 따른 제한: 암, 염증 질환, 어지러움증 등 기저질환이 있는 경우 반신욕을 삼가한다.
- 적절한 시간에 시행: 식사 30분 전 또는 식사 후, 운동 후 30분 이상 지난 뒤에 반신욕을 한다.
- 입욕제 사용 주의: 체질과 증상에 맞는 입욕제를 선택하여 사용한다.

족욕

족욕은 발바닥을 따뜻하게 자극함으로써 하반신의 혈류를 개선하는 효과적인 방법이다. 특히 내장으로의 혈류가 개선되면 내장 기능을 조절하는 자율신경계의 활동이 정상화된다. 이러한 자율신경계의 균형 회복은 전반적인 신체 기능의 정상화로 이어지며, 결과적으로 정신적 안정과 근육 이완을 촉진한다.

족욕이 수면의 질 개선에 미치는 영향은 체온 조절 메커니즘과 밀접한 관련이 있다. 수면의 질은 심부체온(신체 중심부의 온도)과 깊은 연관성을 가지는데, 심부체온이 낮아질 때 양질의 수면을 취할 수 있다. 족욕을 하게 되면 초기에는 피부 온도가 상승하고 말초혈관이 확장되어 혈액순환이 촉진된다. 이 과정에서 심부의 열이 말초로 분산되면서 결과적으로 심부체온이 저하되는 현상이 나타난다.

연구 결과에 따르면, 족욕 직후에는 심부체온이 족욕 전보다 0.2~0.3℃ 상승하지만, 족욕 시행 1시간 후에는 오히려 족욕 전보다 0.25℃ 감소하는 것으로 확인되었다. 이러한 연구 결과는 수면의 질을 개선하기 위해서는 취침 1시간 전에 족욕을 완료하는 것이 바람직하다는 것을 시사한다. 이는 심부체온이 충분히 저하될 수 있는 시간을 확보함으로써 숙면을 유도할 수 있기 때문이다.

방법

체온보다 조금 높은 38~42℃가 가장 족욕하기 편안한 온도로, 신경세포를 자극해 대사기능이 높아지고 정신적인 안정을 주며, 긴장과 스트레스를 완화시켜 근육을 편안하게 해준다. 따라서 이 온도가 건강을 지키거나 일반적인 병의 예방에 가장 효과적인 온도인데, 38℃에서 시작한 뒤 몸이 어느 정도 따뜻해지면 온도를 높여 40℃ 전후에서 족욕을 하는 것이 가장 좋다.

- 38~39℃ 미온욕
- 40~41℃ 온욕
- 42~45℃ 고온욕

삼음교 혈자리는 간장과 췌장, 신장의 세 경락이 교차하는 경혈점으로 이 부위를 따뜻한 물로 자극해야 내부 장기까지 열이 전달되어 기능이 활성화된다. 따라서 적어도 삼음교 혈자리가 잠기는 위치가 족욕의 최소 높이이며 족욕 시에는 반드시 이 부위 이상이 잠기도록 해야 효과적인 족욕을 할 수 있다. 삼음교혈 혈자리는 발목 내측에 튀어나온 복숭아뼈 위로 4~5cm 올라간 다음 만져지는 정강이뼈 모서리 뒤쪽 부분에 위치, 발목 복숭아뼈 네 손가락 정도 올라간 부분이다.

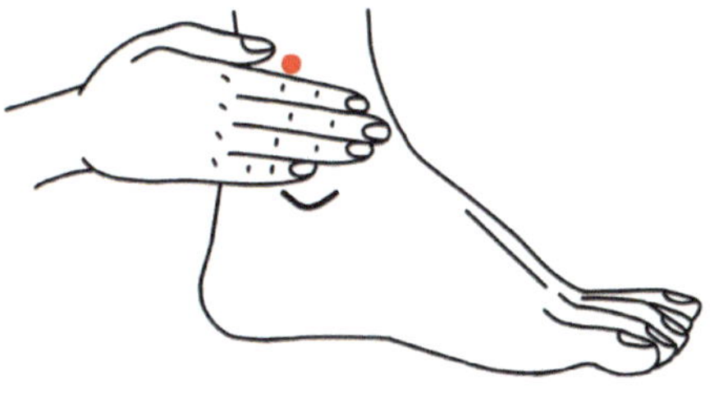
삼음교혈

스트레스 해소에 효과적인 아로마오일을 선택하여 따뜻한 물 한 대야에 아로마오일 3-4방울 정도 떨어뜨리면 족욕의 효과가 배가 된다.

최적 조건

- 물 온도: 40℃ 전후
- 물 높이: 복숭아뼈 위 5cm
- 시간: 15~20분
- 실내 온도: 겨울에 20℃
- 습도: 50~60%

준비 단계	• 족욕기, 온도계, 바닥 깔개, 수건과 의자를 준비 • 아로마오일 등 입욕제 준비 • 발 세척 철저 • 물 온도 정확히 측정
족욕 중	• 복숭아뼈 5cm 위(삼음교혈) 높이로 물에 발 담그기 • 발목 위아래 움직임 • 발가락 운동 • 깊은 호흡 • 따뜻한 물 보충 • 15 ~ 20분 족욕
마무리	• 꼼꼼하게 물기 제거 • 보습 크림 바르기 • 따뜻한 양말 착용 • 10분 휴식 • 폐물 배출을 위해 따뜻한 물 또는 차 마시기

반신욕, 족욕 활동 기록지(일일 기록)

날짜: ______월 ______일

시행 전

시간	______시 ______분
컨디션	□ 좋음 □ 보통 □ 나쁨
현재 증상	□ 피로감 □ 부종 □ 근육통 □ 수면장애 □ 스트레스 □ 순환장애 □ 기타 ( )

시행 방법

□ 반신욕 □ 족욕 물 온도: ______℃ 시행 시간: ______분

시행 후

컨디션	□ 좋음 □ 보통 □ 나쁨
증상변화	
특이사항	

주의사항

- 물 온도 유지하기
- 적정 시간(15~20분) 지키기
- 어지러움이나 불편감 있을 시 즉시 중단하기
- 식후 1시간 후에 하기
- 충분한 물 준비하기

복부 온찜질

복부 온찜질은 의료 현장과 일상생활에서 통증 완화와 이완을 목적으로 널리 활용되는 방법이다. 주로 핫팩을 이용하여 실시하며, 그 효과는 과학적으로도 입증되어 있다.

복부에 온찜질을 하면 장기의 혈관이 확장되어 혈류가 증가하고, 이는 말초 혈액순환 개선으로 이어진다. 특히 복부에는 부교감신경이 풍부하게 분포되어 있어, 온열 자극을 통해 부교감신경이 활성화되면 자율신경계가 안정되고 복부가 편안해진다. 이러한 과정은 피로회복과 위장 운동 개선에도 효과적이다.

복부 온찜질은 전신 순환을 개선하여 배설 기능을 원활하게 하고 심리적 안정감을 제공한다. 특히 스트레스로 인해 교감신경이 우세해지면 장운동이 저하되어 복부팽만, 설사, 변비 등 다양한 장 문제가 발생할 수 있는데, 간단한 복부 온찜질만으로도 이러한 문제들을 완화하는데 도움이 될 수 있다.

현재 시중에는 복부 온찜질을 위한 다양한 제품들이 출시되어 있어, 개인의 상황과 필요에 맞는 적절한 제품을 선택하여 활용할 수 있다. 이는 일상적인 스트레스 관리와 건강 증진을 위한 효과적인 방법이 될 수 있다.

방법

복부 온찜질은 다음과 같은 단계로 시행한다:

찜질 도구의 선택

전기 찜질 패드, 뜨거운 물주머니, 찜질팩 등 상황에 맞는 적절한 도구를 선택한다. 각 도구는 사용의 편의성과 온도 유지 시간에 차이가 있으므로, 개인의 필요에 따라 선택할 수 있다.

온도 관리

찜질 시 적정 온도는 40~45℃이다(45도 이상은 화상위험). 화상 예방을 위해 피부에 직접 닿기 전 반드시 온도를 확인해야 한다. 필요한 경우 수건 등으로 감싸서 사용한다.

적용 방법

복부에 찜질 팩을 올리고 15~20분 정도 유지한다(2~3회/1일 권장). 같은 부위에 30분 이상 지속적으로 적용하는 것은 피해야 한다. 이는 피부 손상을 예방하고 적절한 효과를 얻기 위한 중요한 기준이다.

휴식

찜질 후에는 편안한 자세로 충분한 휴식을 취한다. 이는 찜질의 효과를 극대화하고 신체의 이완을 돕는다.

효과 지속 시간

온찜질의 효과는 30분에서 3시간 정도 지속된다. 이 시간 동안 혈액순환 개선과 근육 이완 효과를 기대할 수 있다.

이러한 방법을 준수하여 실시하면 안전하고 효과적인 복부 온찜질이 가능하며, 스트레스 완화와 신체 이완에 도움을 받을 수 있다.

복부 찜질팩의 종류

종류	방법 및 효과
전기 찜질팩	전기를 이용해 열을 발생시키는 찜질팩으로, 일정한 온도를 유지하며 사용이 간편합니다. 전자기기와 연결하여 사용하며, 온도 조절이 가능하다.
젤 찜질팩	젤로 채워진 찜질팩으로, 냉장고나 냉동고에 보관 후 차갑게 사용하거나, 뜨거운 물에 데워서 따뜻하게 사용할 수 있습니다. 다양한 형태와 크기로 제공된다.
허브 찜질팩	아로마 허브나 약초가 들어 있는 찜질팩으로, 자연적인 향과 함께 온열 효과를 제공합니다. 일반적으로 전자레인지에 데워서 사용한다.
핫팩	일회용으로 사용 가능한 핫팩으로, 주로 열이 필요할 때 간편하게 사용할 수 있습니다. 가방에 넣어 휴대하기 좋다.
물 찜질팩	물로 채워진 찜질팩으로, 뜨거운 물을 채워서 사용합니다. 물의 온도를 조절하여 원하는 온도로 사용할 수 있다.
원적외선	원적외선 조사기로 복부에 10~15cm정도 거리를 두고 10~15분 정도 조사한다. 조사기를 사용하기 전 사용 설명서를 확인하고 사용한다. 화상에 주의해야하고 임산부, 피부병, 심장질환자 등은 사용 전에 의사와 상담한다.

복부 온찜질 기록지

날짜: ______월 ______일

시행 전

시간	______시 ______분
복부 상태	□ 통증 □ 불편감 □ 복부팽만 □ 기타 (________________)
통증정도(0-10)	

시행 방법

□ 온찜질팩 □ 온습포 □ 기타(________)

온도: ______℃ 시행 시간: ______분 적용 부위: ________________

시행 후

통증정도(0-10)	
복부 상태	
특이사항	

주의사항

- 온찜질 전 준비사항
- 피부상태 확인하기
- 찜질팩 표면온도 확인하기(40~45℃)
- 수건으로 감싸서 사용하기
- 적정 시간(20~30분) 지키기

금기 사항

- 상처나 발적이 있는 부위
- 출혈 경향이 있는 경우
- 급성 염증이 있는 경우
- 의식이 없는 경우

뜸(쑥) 요법

뜸은 쑥을 이용한 전통적인 온열 치료법으로, 특정 혈자리에 쑥을 올려놓고 불을 붙여 그 열기가 체내로 전달되도록 하는 방법이다. 이 치료법의 핵심은 '온열 자극'에 있으며, 이를 통해 다양한 치료 효과를 얻을 수 있다.

온열 자극의 생리학적 효과는 크게 두 가지 측면에서 나타난다. 첫째, 긴장되고 경직된 근육을 이완시켜 부드럽게 풀어주며, 둘째, 전반적인 기혈 순환을 개선한다. 특히 수지뜸의 경우, 손 부위에 가해지는 온열 자극이 두뇌의 혈류량에 영향을 미쳐 뇌 기능을 정상화하는데 도움을 준다. 이는 호르몬 분비와 자율신경계의 균형을 조절하여 전반적인 신체 기능의 향상을 가져온다.

뜸의 재료로 사용되는 쑥(애엽)은 그 자체로도 중요한 의미를 가진다. 한약재로서 쑥은 차가운 기운을 제거하고 기혈 순환을 촉진하며 양기를 보충하는 효능이 있다. 이러한 쑥의 약리적 특성이 온열 자극과 결합하여 시너지 효과를 창출한다.

뜸요법은 현대 과학적 연구를 통해 그 효과와 안전성이 입증되고 있는 유용한 치료법이다. 특히 만성질환 관리에 있어 통합의학적 접근법으로서 가치가 있으며, 향후 추가적인 연구를 통해 더욱 광범위한 임상 적용이 기대된다.

뜸의 효과

스트레스 해소 뜸 혈자리

혈자리		효능
노궁혈 • 제3, 4 중수골 사이의 오목한 곳 • 중지를 구부렸을 때 중지 끝이 닿는 부위		노궁혈(勞宮穴)은 심포경(心包經)의 중요한 혈자리로, 손바닥의 중심부에 위치한다. 이 혈자리는 특히 정신적 안정과 스트레스 해소에 탁월한 효과가 있는 것으로 알려져 있다. **정신적 효과 / 불안감 감소 / 심리적 안정 / 스트레스 해소 / 불면증 개선 / 손바닥 열감 완화 / 심계항진 감소 / 혈액순환 개선 / 소화기능 조절**

혈자리	효능
곡지혈 • 팔을 구부렸을 때 생기는 횡문의 외측 끝 • 대장경(大腸經)의 중요 혈자리 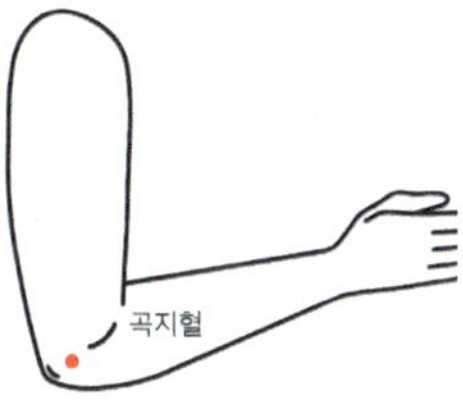	**대장과 연결된 경혈점 / 상지(上肢)의 통증 조절 / 자율신경계 조절 작용 / 열 제거, 해열 작용**
태충혈 • 엄지발가락과 검지발가락이 만나는 점에서 뒤로 약 1cm 부위 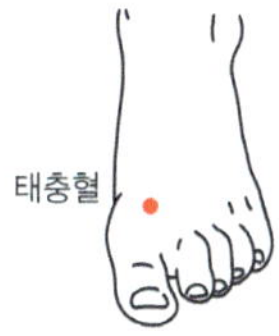	태충혈(太衝穴)은 발의 주요 혈자리 중 하나로, 특히 스트레스 관리에 중요한 역할을 하는 혈자리이다. **간기(肝氣) 소통 / 기혈순환 촉진 / 정신 안정 / 긴장 완화 / 화(火)의 하강 유도 / 정서적 안정감 증진 / 불안감 감소**
단중혈 • 가슴 정중앙 • 양쪽 유두를 연결한 선의 중심점 • 복장뼈(흉골) 중앙 부위 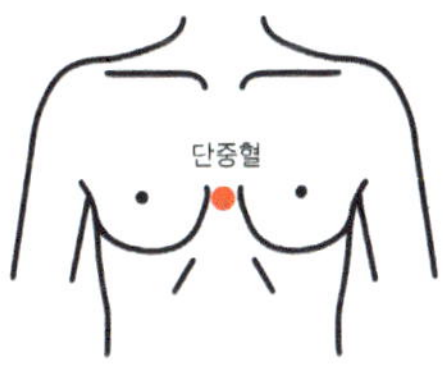	**가슴 답답함 해소 / 호흡 개선 / 스트레스 완화 / 불안감 감소 / 기력 회복**

뜸뜨는 방법

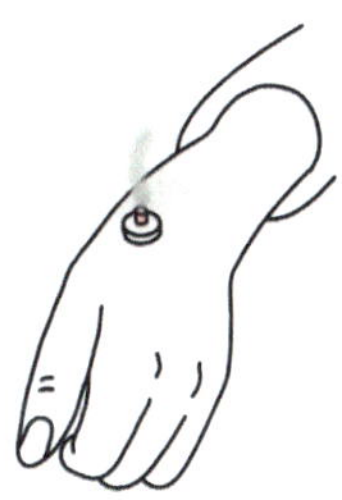

준비물 : 뜸, 라이터, 물이 담긴 접시

- 혈자리를 찾는다
- 대좌구(쑥뜸과 피부 사이에 '대좌'를 놓는 뜸) 스티커를 떼어낸다.
- 뜸에 불을 붙인다.
- 혈자리에 올려 놓는다.
- 대좌가 식으면 끝이다.

뜸요법의 일반적인 적용 빈도

- 하루에 한 번, 한 번에 2~3군대 혈자리 적용
- 목욕이나 식사 전후 30분에서 1시간은 피한다.
- 느긋하고 이완 할 수 있는 시간대가 뜸을 뜨기 좋은 시간: 잠자기 전, 아침 출근 전

자가뜸 치료 시 안전한 시행을 위한 주의 사항

- 화상 주의
- 피부 상태 확인: 민감한 피부, 상처가 있는 부위에는 사용을 피한다.
- 금기 대상: 고열이 있는 경우, 임신부, 특정 질환(당뇨, 심혈관계 질환 등)이 있는 경우 전문가 상담 후 시행한다.
- 청결 유지: 뜸 기구와 주변을 청결히 하여 감염을 예방한다.

반신욕, 족욕 활동 기록지(일일 기록)

날짜: ____년 __월 __일　시간: ____시 ____분

시행 혈자리

□ 노궁혈 □ 곡지혈 □ 단중혈 □ 태충혈 □ 기타(______)

시행 내용

종류: □ 쑥뜸 □ 간접구　　시간: _____분　　횟수: _____회

상태 체크

시행 전 - 긴장도: □ 낮음 □ 보통 □ 높음　　통증/불편감: □ 있음 □ 없음

시행 후 - 긴장도: □ 낮음 □ 보통 □ 높음　　편안함: □ 좋음 □ 보통 □ 나쁨

특이사항

다음 계획

예정일: ___월 ___일　　혈자리: _________

더 읽을거리

우리가 몰랐던 냉기 제거의 놀라운 비밀(중앙생활사, 신도요시하루, 2022)

면역력 슈퍼처방전(아보 도오루, 김영사, 2009)

우리가 몰랐던 냉기 제거의 놀라운 비밀(중앙생활사, 신도요시하루, 2022)

온열요법, 내 몸을 살린다(모아북스, 정윤상, 2013)
뜸의 권유(뜸을 보급하는 모임, 청홍, 2021)
목욕요법의 행태와 생리적 지표에 따른 건강증진 효과(이미림, 고신대학교대학원, 2007)
아로마오일을 이용한 반신욕이 신체적/정신적 스트레스 변화에 미치는 효과(이선영, 중앙대학교 대학원, 2008)
아로마테라피 족욕이 스트레스와 자율신경계 활성도에 미치는 효과(안주미 외, 대한스트레스학회 제25권 제4호 2017. 12. 239-245)
복부의 주열요법이 신체적 변화와 인체 생리에 미치는 영향(김경태, 동방대학교대학원, 2013)
자가 뜸 요법이 고혈압 성인의 혈압, 스트레스, 수면의 질 및 삶의 질에 미치는 영향(정종신, 경기대학교대학원, 2022)
뜸의 원리와 적용효과(김명자, 대한스트레스학회 Vol.13 No.4 2005)
Application of a Heat- and Steam-Generating Sheet Increases Peripheral Blood Flow and Induces Parasympathetic Predominance(Yoshinao 등, Evid Based Complement Alternat Med. 2011 Apr 26;2011:96509)
Systematic review about complementary medical hyperthermia in oncology(Christina 등, Clin Exp Med. 2022 Jun 29;22(4):519-565)
The effect of foot bath on sleep quality in the elderly: a systematic review(Khadijeh 등, BMC Geriatr. 2024 Feb 26;24:191.)
Effects of Water Temperature during Foot Bath in Young Females(Masahiro 등, Yonago Acta Med. 2013 Sep 11;56(3):79-80)
Comparison of the Effects of Self-Administered Moxibustion versus Acupressure on Blood Pressure, Stress, Sleep Quality, and Quality of Life in Hypertensive Patients: A Randomized Parallel Trial(Jongsin Jung 등, Healthcare (Basel). 2023 Aug 1;11(15):2182)
Acupuncture and moxibustion for chronic fatigue syndrome: A systematic review and network meta-analysis(Yang Fang 외, Medicine (Baltimore). 2022 Aug 5;101(31):e29310)
Exploring the effects of moxibustion on cognitive function in rats with multiple cerebral infarctions from the perspective of glial vascular unit repairing(Jingji Wang 등, Front Pharmacol. 2024 Oct 22;15:1428907)

V. 뇌를 시원하게

스트레스 완화 바른 자세 : 턱만 당겨도 머리가 시원하다.

바른 자세의 중요성은 생리학적 측면에서 명확히 드러난다. 올바른 자세는 뇌로 가는 혈류량을 증가시키고 산소 공급을 원활하게 하여 전반적인 혈액순환을 개선한다. 반면, 거북목과 같은 잘못된 자세는 경추 상부를 통과하는 미주신경에 지속적인 스트레스를 가하게 된다. 미주신경은 자율신경계의 핵심 구성요소로, 이러한 스트레스는 미주신경 세포들의 점진적인 기능 저하와 퇴행을 초래한다.

미주신경 기능의 저하는 연쇄적인 문제를 야기한다. 우선 인두부 근육들의 강도가 약화되어 혀가 목구멍 뒤쪽으로 처지게 되고, 이는 호흡기도를 좁히는 결과로 이어진다. 좁아진 기도는 부비동염, 코골이, 수면무호흡증 등의 호흡기 문제를 유발할 수 있으며, 목소리가 쉬는 등의 증상도 동반될 수 있다.

잘못된 자세의 영향은 여기서 그치지 않는다. 근골격계 전반에 걸쳐 목, 어깨, 허리, 등, 손목 등의 통증이 발생할 수 있으며, 효율적인 횡격막호흡이 어려워져 흉식호흡에 의존하게 된다. 또한 척추를 중심으로 한 전신의 근골격 정렬에도 영향을 미쳐 통증, 혈액순환 저하, 체형 변화 등을 초래한다.

특히 주목할 만한 점은 자세와 정신건강 사이의 상관관계이다. 바른 자세는 스트레스로 인한 부정적 정서와 우울감을 감소시키고 자존감을 향상시키는데 도움이 된다. 반면, 지속적인 스트레스는 심리적 위축을 통해 자세를 악화시키는 악순환을 만들 수 있으며, 이미 자세가 좋지 않은 경우에는 스트레스 관련 증상이 더욱 심화될 수 있다.

따라서 바른 자세의 유지는 단순한 자세 교정을 넘어서, 신체적, 정신적 건강을 위한 필수적인 기본 요소라고 할 수 있다. 이는 전반적인 심신 건강의 토대가 되며, 건강한 삶을 위한 첫 걸음이라고 할 수 있다.

거북목 → 경추 미주신경 흐름 ↓ → 부교감신경 ↓ → 얕고 빠른호흡

방법

바른 자세란 개인이 타고난 자연스러운 척추의 형태를 유지하면서, 신체의 모든 부위가 이상적(ideal)인 형태로 정렬된 상태를 의미한다. 이러한 정렬 상태에서는 신체에 가해지는 스트레스와 긴장이 최소화되며, 동시에 신체가 발휘할 수 있는 효율성은 최대화된다.

턱을 당기고 어깨를 편다!

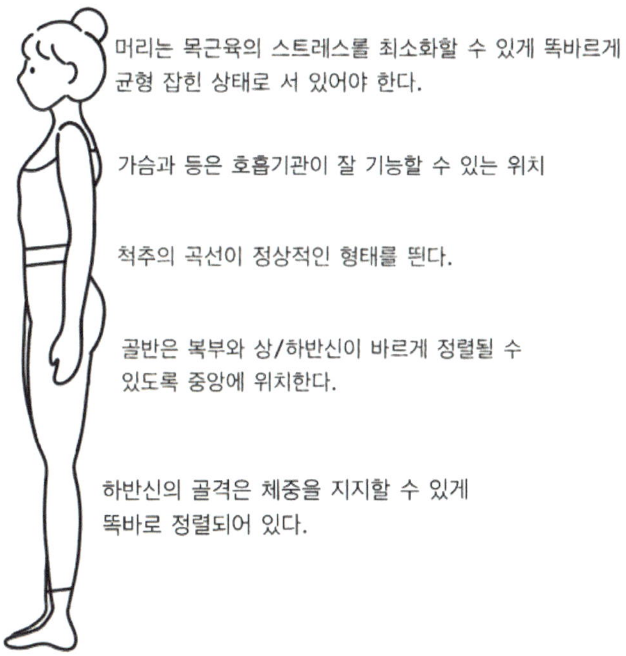

자세 점검

벽면진단법(wall test)

- 벽 앞에서 어깨 넓이로 발을 벌리고 발뒤꿈치가 벽으로부터 5~10cm 정도 떨어지도록 편안하게 선다.
- 엉덩이를 벽에 붙인 후 차례로 등과 어깨 그리고 뒤통수를 차례대로 벽에 살짝 닿도록 한다.
- 어깨와 목은 긴장하지 않도록 최대한 힘을 빼고, 팔도 힘을 빼고 자연스럽게 아래로 늘어뜨린다.
- 가슴은 아래로 쳐지지 않게 위쪽으로 살짝 들어주고, 턱은 들리지 않게 수평을 유지하며 뒤쪽으로 밀어 넣고 시선은 정면을 향하도록 한다.

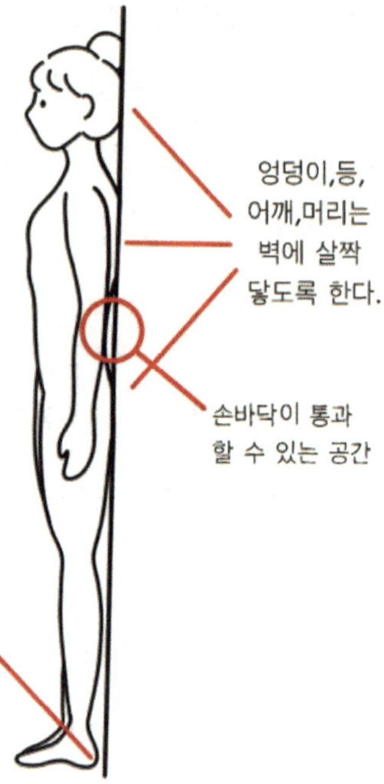

- 이때 허리와 벽 사이에는 손바닥을 집어넣었을 수 있을 만큼의 공간이 있으면 정상적인 척추 곡선을 유지하고 있는 것이다.

바른 자세를 위한 운동

벽에 등을 대고 똑바로 서기

자세 교정	• 척추 정렬 개선 • 거북목 예방 • 바른 자세 인식 향상
근육 강화	• 코어 근육 강화 • 자세 유지 근육 발달 • 등 근육 안정화
기본 자세 준비	• 벽에 등을 기대어 서기 • 발뒤꿈치를 모아서 벽에 밀착

단계별 실행 방법	머리 위치 조정	• 턱을 가볍게 당기기 • 후두부가 벽에 닿도록 유지 • 거북목 자세 교정 효과
	척추 정렬	• 요추의 자연스러운 만곡 유지 • 과도한 펴기 동작 피하기 • 자연스러운 척추 곡선 확보
	상체 자세	• 가슴을 자연스럽게 띄우기 • 양쪽 어깨를 벽에 고르게 밀착 • 균형 잡힌 상체 정렬 유지
	이 운동은 전신의 정렬을 바로잡고 바른 자세를 체득하는 데 효과적인 방법이다. • 그런 다음 턱을 당기고 요추 부위를 펴지 않고 가슴을 쭉 뻗는다. • 이 상태에서 두 어깨를 벽에 대고 똑바로 선다(10초유지).	
	• 1회 유지를 1세트로 계산(2~3세트 실시)	

벽면 스트레칭

신체적 효과	• 근육 긴장 완화 • 관절 가동범위 증가 • 혈액순환 촉진 • 유연성 향상
스트레스 완화 효과	• 전신 이완 • 긴장감 해소 • 심리적 안정
기본 자세와 준비	• 벽 모서리에 서서 양쪽 벽에 손을 [illegible] • 안정된 자세를 확보한다
1단계: 다리 스트레칭	• 한쪽 다리(우측)를 앞으로 내밀기 • 앞쪽 무릎은 구부리고, 뒤쪽 발뒤꿈치는 바닥에 고정 • 10초간 전방으로 기울이기 • 주요 타겟: 대퇴직근(앞), 비복근(뒤)
2단계: 상체 스트레칭	• 양쪽 팔꿈치를 구부려 견갑골을 정중선으로 모으기 • 이어서 팔을 확장하기 • 5회 반복 실시 • 주요 타겟: 대흉근, 소흉근

3단계: 전신 스트레칭	전반부	• 무릎 펴기 • 머리와 목 굽히기 • 몸통 전방 굽힘 • 골반 후방 기울임(10초 유지) • 주요 타겟: 햄스트링, 승모근, 흉요추 신전근, 깊은 목 근육
	후반부	• 머리와 목 펴기 • 몸통 펴기 • 골반 전방 기울임(10초 유지) • 주요 타겟: 흉쇄유돌근, 복직근, 장요근
4단계: 반대측 반복	• 좌우 다리를 바꾸어 동일한 과정 반복 • 양측 완료 시 1세트로 계산, 1~2세트 실시	

코브라 자세

등 근육 강화	• 자세 개선 • 척추 유연성 증가 • 코어 근력 향상	
첫 번째 자세	• 엎드린 자세로 휴식 • 팔은 편안하게 머리 옆에 위치 • 전신 이완 상태 유지	
두 번째 자세	• 팔꿈치를 구부려 상체 약간 들기 • 목과 어깨의 긴장 최소화 • 복부 지지 유지	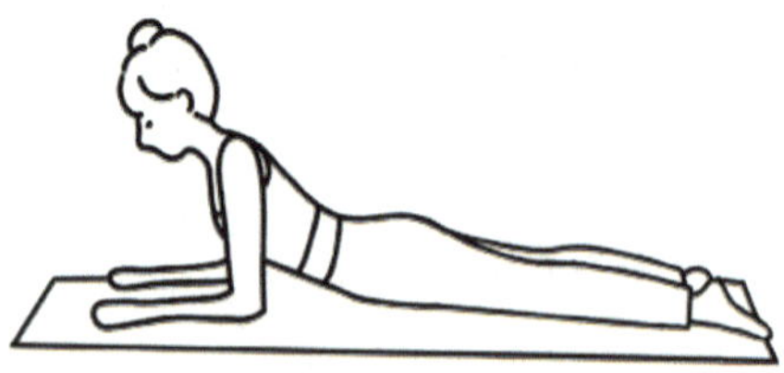
세 번째 자세	• 팔을 펴고 상체 더 들기 • 척추 신전 운동 • 등 근육 강화 • 15~30초 유지	
	• 2~3세트 실시	

바른 자세 활동 기록지(나의 현재 자세 관찰하기)

날짜: ______월 ______일

'벽면 진단법'

검사 항목	검사 결과	
허리와 벽면 사이 공간(손바닥 통과) 유무	있다	없다

자세 체크리스트

□ 머리가 한쪽으로 기울어져 있나요?
□ 어깨의 높이가 같나요?
□ 허리가 앞으로 굽어 있나요?
□ 무릎이 바르게 펴져 있나요?
□ 발의 위치는 평행한가요?

내 자세의 특징

일상생활 속 나의 자세 / 상황별 자세 기록하기

스마트폰 사용할 때
나의 자세: ____
문제점: ____
개선방안: ____

공부할 때
나의 자세: ____
문제점: ____
개선방안: ____

식사할 때
나의 자세: ____
문제점: ____
개선방안: ____

하루 스쿼트 100개

스쿼트는 스트레스를 효과적으로 관리할 수 있는 전신 운동이다. 특히 스쿼트를 수행할 때의 깊은 호흡은 부교감신경을 활성화시키며, 하체에 분포된 다양한 경락을 자극하여 전신의 기혈 순환을 촉진한다.

또한 스쿼트는 스트레스로 인해 두부에 집중된 열기를 분산시키는 효과가 있다. 하체 경락을 활발히 자극함으로써 상체에 몰린 열을 아래로 분산시켜, 머리가 시원해지는 것을 체감할 수 있다.

이러한 효과들이 복합적으로 작용하여, 하루 100개의 스쿼트는 단순한 하체 근력 운동을 넘어 효과적인 스트레스 관리 방법이 될 수 있다. 특히 일상생활에서 쉽게 실천할 수 있다는 점에서 그 활용 가치가 높다.

방법

발의 위치

- 어깨 너비로 발을 벌리기
- 발끝을 약간 바깥쪽으로 향하게 조정
- 체중을 발바닥 전체에 고르게 분산

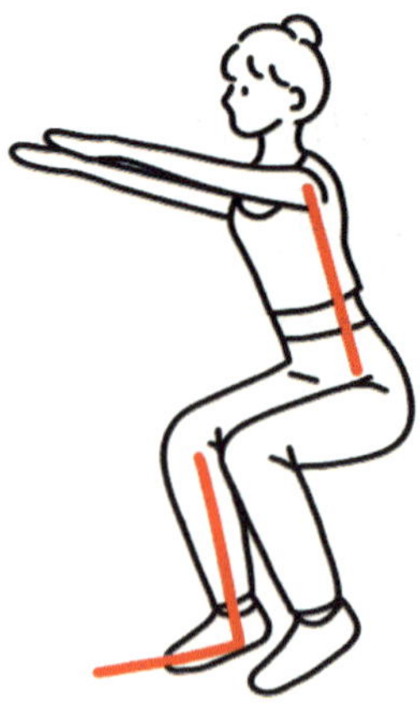

동작 수행 방법

- 엉덩이를 뒤로 밀어내듯 빼기
- 무릎을 천천히 구부리기
- 허리는 시종일관 곧게 유지
- 무릎이 발끝을 넘지 않도록 주의
- 하강시 날숨 상승시 들숨

운동 강도 설정

- 초기: 10~15회씩 3세트 실시

- 점진적으로 횟수 증가
- 개인의 체력 수준에 맞춰 조절

주의사항

- 올바른 자세 유지에 집중
- 무리한 동작 피하기
- 통증 발생 시 즉시 중단
- 호흡과 동작의 조화 유지

〈고바야시 히로유키's 스쿼트 10가지 수칙〉

① 매일 정해진 시간에 한다.

② 천천히 안정적으로 한다.

③ 무릎을 과도하게 구부리지 않는다.

④ 대퇴근육을 의식하며 한다.

⑤ 허리는 곧게 편다.

⑥ 하강 시 호흡을 내쉬고 상승 시 들이마신다.

⑦ 들숨은 코로, 날숨은 입으로 한다.

⑧ 공복에 한다(식사 전).

⑨ 샤워 전에 한다.

⑩ 불편함을 느끼면 바로 중단한다.

스쿼트 활동 기록지

기본 동작 순서

시작 자세	□ 발은 어깨 너비로 벌리기 □ 발끝은 약간 바깥쪽으로 □ 척추는 곧게 펴기 □ 시선은 정면을 향하기
내려가는 동작 (날숨)	□ 입으로 내쉬기 □ 배가 부풀어 오르는 것을 느끼며 □ 엉덩이를 뒤로 빼면서 천천히 내려가기 □ 무릎이 발끝을 넘어가지 않도록 주의
올라오는 동작 (들숨)	□ 코로 깊게 들이마시기 □ 배가 자연스럽게 들어가도록 □ 엉덩이와 허벅지의 힘으로 일어나기 □ 무릎을 완전히 펴서 시작 자세로 돌아오기
준비운동 (5-10분)	□ 관절 풀기 □ 가벼운 스트레칭 □ 횡격막호흡 연습 (5-10회)

본 운동 기록표

세트	목표	달성	호흡조절 (O, △, X)	자세 (O, △, X)	특이 사항
1	25				
2	25				
3	25				
4	25				

정리운동 (5분)	□ 가벼운 스트레칭 □ 이완 호흡 (3-5회)

108배 운동

종교적 수행으로 여겨졌던 108배가 최근 효과적인 운동법으로 주목받고 있다. 전신 운동과 깊은 호흡이 조화를 이루는 108배는 기혈 순환 촉진, 근력 강화, 스트레스 해소 등 탁월한 심신 건강관리 효과를 제공한다. 실제로 수행자들은 반복될수록 몸과 마음이 가벼워지고 즐거워짐을 경험한다.

약 20분이 소요되는 108배는 저강도 유산소 운동으로, 남성은 144kcal, 여성은 100kcal 정도의 열량을 소모하며 혈당 저하와 체지방 연소에 효과적이다. 특히 수행 시의 깊은 호흡은 부교감신경을 활성화하고 스트레스 호르몬을 감소시켜 심신의 이완을 촉진한다.

한의학적으로 108배를 하면 '수승화강(水乘火降)' 현상이 일어난다. 심장의 뜨거운 기운은 아래로, 신장의 차가운 기운은 위로 이동하며, 이는 혈액순환 개선과 자연스러운 복식·단전호흡을 통해 이루어진다. 그 결과 단전 주위에 열이 생기고 전신이 따뜻해지며, 정수리는 시원해지고 눈빛이 맑아진다.

특히 주목할 만한 점은 108배가 전중혈의 온도를 효과적으로 낮춘다는 것이다. 전중혈은 심장 상태를 나타내는 중요한 혈자리로, 이 부위의 화기가 감소하면 어깨 뭉침, 두통, 잡념 등이 완화되고 정신이 맑아지는 효과를 얻을 수 있다.

명상이 종교적 행위에서 마음 건강관리의 핵심 활동으로 자리 잡은 것처럼, 108배 역시 종교적 관점을 넘어 일상적인 건강관리 방법으로 그 가치를 인정받고 있다. 처음에는 하루 3배부터 시작하여 점진적으로 횟수를 늘려가는 것이 바람직하며, 현대인의 효과적인 심신 건강관리 방법으로 활용될 수 있다.

108배 동작과 호흡법

108배에서 호흡법은 동작의 효과를 극대화하는 핵심 요소이다. 굴신과 합장의 동작을 통해 자연스럽게 복식호흡(단전호흡)이 이루어지며, 이는 다음과 같은 단계로 진행된다.

준비 단계

- 가벼운 스트레칭으로 몸을 풀어 준다.

- 조용하고 방해받지 않는 공간에서 시작한다.

운동 동작

- 서기: 두 발을 가지런히 모으고 두 손을 합장한 상태에서 똑바로 선다.
- 허리 굽히기: 합장한 상태에서 상체를 천천히 숙이며 무릎을 굽힌다.
- 절하기: 무릎을 꿇고 팔을 바닥에 뻗으며 이마를 바닥에 닿게 한다.
- 일어서기: 무릎을 떼고 천천히 상체를 세워 합장한 자세로 돌아온다.
- 반복: 위의 동작을 108번 반복하며 천천히 호흡과 리듬을 맞춘다.

호흡의 리듬은 동작과 함께 다음과 같이 연계된다:

- 절하고 일어서는 과정에서 들숨
- 서 있는 상태에서 무릎 꿇기 시작할 때 들숨
- 팔꿈치가 굽혀지는 순간부터 접족례를 마치고 일어서기 시작할 때까지 날숨

초기에는 의식적인 호흡 조절이 필요하지만, 꾸준한 수행을 통해 점차 동작과 호흡이 자연스럽게 조화를 이루게 된다. 이러한 호흡법의 숙달은 108배의 효과를 극대화하는 데 핵심적인 역할을 한다.

주의 사항

- 처음 시작할 경우 횟수를 조절해 30배, 50배 등으로 진행하며 점차 늘려간다.
- 관절에 무리가 가지 않도록 부드럽게 동작을 수행한다.
- 운동 후 충분한 휴식을 취하며 수분을 보충한다.

108배 10가지 수칙

① 매일 아침 또는 저녁 등 자신의 일과에 맞는 일정한 시간과 장소를 정한다.

② 천천히 한다.

③ 내려갈 때 숨을 내쉬고 올라올 때 숨을 들이마신다. 코로 들이마시고 입으로 내쉰다.

④ 식사 전에 한다. 위장이 쉬는 동안에 하면 몸에 주는 부담이 감소한다.

⑧ 샤워나 목욕 전에 한다.

⑨ 넉넉한 옷을 입니다.

⑩ 통증을 느끼면 즉시 중단한다.

108배 운동 기록지

날짜: ________________ 시작 시간: ____________ 종료 시간: ____________

운동 전 준비

신체 상태 점검	전신 상태: □ 매우 좋음 □ 좋음 □ 보통 □ 나쁨 관절 상태: □ 매우 좋음 □ 좋음 □ 보통 □ 나쁨 통증 여부: □ 없음 □ 약간 □ 보통 □ 심함 통증 부위: ________________	
준비 운동 체크리스트	• 전신 스트레칭 (5분) • 손목/발목 풀기 • 심호흡	• 무릎 관절 풀기 • 가벼운 제자리 걷기
108배 운동 기록 (수행 현황)	• 목표 횟수: 108배 • 중간 휴식: □ 없음 □ 1회 □ 2회 □ 3회 이상	• 달성 횟수: ______배 • 총 소요 시간: _______분
운동 상태 체크	• 수행 상태: □ 원활 □ 보통 □ 어려움 • 호흡 상태: □ 안정 □ 불안정 • 체력 상태: □ 충분 □ 보통 □ 부족 • 동작 정확도: □ 높음 □ 보통 □ 낮음	
회복 운동	• 전신 스트레칭 • 심호흡	• 관절 풀기 • 가벼운 걷기

운동 중 특별히 주의할 점이나 관찰 사항

더 읽을 거리

1. 스트레스 완화 바른 자세 : 턱만 당겨도 머리가 시원하다.

바른자세운동이 감정노동자의 심리적건강에 미치는 영향: 체화인지적 접근(최우열, 국민대학교대학원, 2017)

셀프자세교정을 통한 청소년의 바른자세 연구(신재춘, 차의과대학대학원, 2021)

Effect of Devised Simultaneous Physical Function Improvement Training and Posture Learning Exercises on Posture(Naonobu 등, Healthcare (Basel). 2023 Apr 30;11(9):1287.)

2. 하루 스쿼트 100개

죽기 전까지 걷고 싶다면 스쿼트를 하라(고바야시 히로유키, 동양북스, 2018)

3. 108배 운동

하루108배 (도서출판 다웅, 김재성, 2018)

불교수행법을 통한 스트레스 해소에 관한 연구- 108배, 마음챙김 명상, 千手陀羅尼 수행법을 중심으로(이숙현, 동국대학교대학원, 2014)

8주간 108배가 중년여성의 내분비계 호르몬과 호흡순환기능에 미치는 영향(남해안, 창원대학교대학원, 2017)

단기간 108배와 버피테스트 운동이 요부 등속성 근기능에 미치는 영향(이석호 외, 국체육과학회지, 2023, 제32권 제4호, pp.733-741)

VI. 기분이 좋아지게

숲 치료(산림욕)

산림욕은 자연환경과의 총체적 교감을 통해 인체의 생리적, 심리적 건강에 다면적 영향을 미치는 것으로 확인되었다.

산림욕의 생리적 효과는 크게 세 가지 측면에서 관찰된다. 첫째, 스트레스 호르몬의 분비가 현저히 감소한다. 구체적으로 2박 3일간의 산림욕 후에는 코티졸, 아드레날린, 노르아드레날린과 같은 주요 스트레스 호르몬의 수치가 유의미하게 저하되는 것으로 나타났다. 둘째, 자율신경계의 균형이 개선된다. 교감신경의 활동은 감소하고 부교감신경의 활동은 증가하여, 전반적인 이완 상태가 유도된다. 셋째, 심혈관 질환 예방과 면역력 향상 등 전반적인 건강 증진 효과가 입증되었다.

심리적 측면에서 산림욕은 긴장, 불안, 분노, 우울, 피로, 혼란과 같은 부정적 감정이 감소하며, 다른 한편으로는 활력 증가와 이완 효과가 나타난다. 이러한 심리적 변화는 우울증 예방에 잠재적 효과가 있음을 시사한다.

이와 같은 산림욕의 효과는 생물학자 에드워드 윌슨의 바이오필리아(Biophilia) 이론을 통해 설명될 수 있다. 바이오필리아 이론에 따르면, 인간에게는 자연을 사랑하고 의존하는 유전적 성향이 내재되어 있다. 이는 인류가 진화 과정에서 자연환경과 긴밀한 관계를 유지해 왔음을 반영하며, 현대인이 숲속에서 자연스럽게 위안을 느끼는 경험적 사실과도 부합한다.

산림욕의 효과는 시각, 청각, 후각, 촉각, 미각 등 오감을 통한 자연과의 교감을 통해 발현된다. 이는 단순한 숲 방문을 넘어서는 총체적 경험으로서, 현대 도시생활에서 발생하는 다양한 신체적, 정신적 문제들에 대한 자연 치유적 대안으로 주목받고 있다.

결론적으로, 산림욕은 과학적으로 검증된 다양한 생리적, 심리적 효과를 통해 현대인의 건강증진에 기여할 수 있는 효과적인 중재 방안으로 평가된다.

산림욕의 효과

산림욕의 오감 체험 요소

시각적 요소

- 다양한 자연의 색감 (녹색, 노란색, 빨간색 등)
- 숲의 전체적인 풍경
- 계절에 따른 변화하는 경관

- 효과: 시각적 안정감과 편안함 제공

후각적 요소

- 나무와 꽃에서 나는 자연 향기
- 피톤치드 흡입
- 숲속의 청정한 공기
- 효과: 심신 안정과 면역력 강화

청각적 요소

- 새소리
- 나뭇잎 흔들리는 소리
- 바람 소리
- 효과: 청각적 치유와 마음의 안정

촉각적 요소

- 나무 접촉
- 전신으로 느끼는 숲의 분위기
- 자연 환경과의 직접적 교감
- 효과: 신체적 이완과 감각적 치유

미각적 요소

- 자연에서 나는 식재료 섭취
- 맑은 공기 호흡
- 숲속 음식 체험
- 효과: 자연과의 일체감 경험

산림욕 활동 기록지

날짜: _______년 ___월 ___일　　시간: _______시 _______분 ~ _______시 _______분

기본 정보

날씨: □ 맑음 □ 약간 흐림 □ 흐림

기온: _______℃　　습도: _______%　　장소: _______산/숲

오감 체험 기록

시각(풍경/색감):

청각(자연의 소리):

후각(숲의 향기):

촉각(자연 접촉):

미각(숲의 공기):

활동 내용

이동 거리: _______km　　활동 시간: _______분

활동 형태: □ 걷기 □ 명상 □ 휴식 □ 기타(_______)

컨디션 체크

활동 전: 스트레스 정도: □ 낮음 □ 보통 □ 높음　피로도: □ 낮음 □ 보통 □ 높음

기분: □ 좋음 □ 보통 □ 나쁨

활동 후: 스트레스 정도: □ 낮음 □ 보통 □ 높음　피로도: □ 낮음 □ 보통 □ 높음

기분: □ 좋음 □ 보통 □ 나쁨

특이사항/느낀점

천연 영양제 햇빛

햇빛은 인체에 필수적인 천연 영양제로서, 특히 비타민D 형성과 세로토닌 분비 활성화를 통해 건강에 핵심적인 역할을 한다. 햇빛의 자외선은 피부에서 비타민D3를 생성하며, 이는 간과 신장에서 대사되어 최종 활성형인 1,25-dihydroxyvitamin D3로 전환된다.

대사된 비타민D는 단순한 영양소 이상의 기능을 수행한다. 칼슘과 인의 장내 흡수를 촉진할 뿐만 아니라, 호르몬 분비 조절과 면역 기능 조절에도 관여한다. 특히 스테로이드 호르몬의 일종으로서 뇌의 성장과 신경 보호에 중추적 역할을 하며, 도파민과 세로토닌 생성에도 영향을 미친다. 비타민D 결핍은 다양한 신체적 질병뿐만 아니라, 절망감, 슬픔, 자살 충동, 불안, 식욕 및 체중 변화, 불면증, 건망증 등 우울증과 유사한 증상과 관련이 있다.

햇빛 → 피부 → 비타민D → 우울, 자살행동, 질병 ↓

햇빛을 통한 세로토닌 분비도 주목할 만하다. 햇빛이 눈을 통해 들어오면 시상하부를 거쳐 '세로토닌' 호르몬의 생산이 촉진된다. 시상하부에서 분비되는 이 신경전달물질은 수면, 식욕, 성욕 등의 본능을 조절하고 전반적인 정신 활동에 관여한다. 세로토닌은 또한 암세포를 제거하는 특수 T-임파구와 행복 호르몬인 엔돌핀 생성을 촉진한다. 충분한 세로토닌은 충동 억제, 긍정적 감정 증진, 의욕 상승으로 이어져 삶의 활력을 높인다.

햇빛 → 눈 → 시상하부 → 세로토닌 ↑ → 행복감 ↑

햇빛은 또한 일주기 리듬 조절에 중요한 멜라토닌 분비에도 영향을 미친다. 멜라토닌은 수면과 휴식을 유도하는 호르몬으로, 저녁 7시부터 분비가 시작되어 새벽 3시에 최고조에 달한다. 주간의 충분한 햇빛 노출은 야간의 멜라토닌 분비를 촉진하여, 이는 신체 회복과 숙면에 도움을 준다. 건강한 멜라토닌 분비를 위해서는 주 1회 이상, 30분 정도의 햇빛 노출이 권장된다.

방법

노출 범위

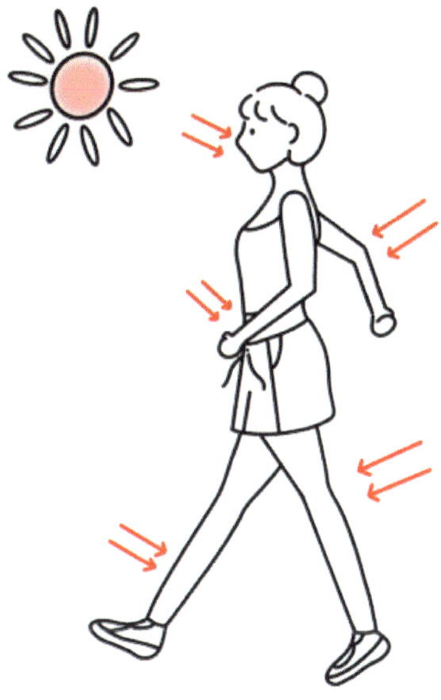

- 신체의 약 54%에 해당하는 피부 면적(양팔 18%, 양다리 36%) 노출이 권장된다.
- 이는 비타민D 전구체인 7-디하이드로콜레스테롤이 피부에 고르게 분포되어 있어, 적절한 면적의 노출이 효율적인 비타민D 합성을 가능하게 하기 때문이다.

· 시기와 빈도

- 주 1~2회, 30분 노출: 비타민D의 체내 저장 주기와 합성 효율성 고려
- 4~10월 권장: 자외선B(UVB)의 지표 도달량이 최적한 시기
- 오전 10시~오후 3시: 비타민D 합성에 필요한 UVB 강도가 가장 높은 시간대

· 자외선 차단제 사용

- 자외선 차단제는 UVB를 차단하여 비타민D 합성을 저해
- SPF 30 사용 시 비타민D 합성이 95~99% 감소
- 필요한 경우 SPF 10~15 이하 사용으로 적정 균형 유지

이러한 가이드라인은 피부암 예방과 충분한 비타민D 합성 사이의 균형을 고려한 것으로, 개인의 피부 상태, 연령, 지역, 계절에 따라 적절히 조정될 필요가 있다.

주의 사항

자외선은 인체에 필수적인 비타민D 합성을 돕는 긍정적 기능이 있지만, 동시에 피부 건강에 부정적인 영향을 미칠 수 있다. 자외선은 그 특성에 따라 자외선A와 자외선B로 나뉘는데,

각각 다른 방식으로 피부에 영향을 준다. 자외선A는 주로 피부 노화와 관련되어 기미, 주근깨, 주름을 유발하고, 자외선B는 더 심각한 손상을 일으켜 상피세포암이나 기저세포암과 같은 피부암의 원인이 될 수 있다.

따라서 다음과 같은 상황에서는 특별한 주의가 필요하다.

햇빛 알레르기가 있는 경우

- 적절한 자외선 차단제 사용 필수
- 직접적인 햇빛 노출 최소화
- 필요시 전문의 상담

화장품 사용 시

- 오일 함유 제품 사용에 특별한 주의
- 자외선과의 반응성 고려
- 예상치 못한 피부 반응 가능성 인지

약물 복용 시

- 광과민성 반응 가능성 확인
- 의사나 약사와 사전 상담
- 햇빛 노출 수준 조절

자연 햇빛 치료 기본 가이드

1. 계절별 권장 시간

계절	권장 시간대	노출시간	주의사항
봄	오전 8~10시 / 오후 4~6시	10 ~ 30분	자외선 지수확인
여름	오전 7~9시 / 오후 5~7시	5 ~ 20분	강한 자외선 주의
가을	오전 9~11시 / 오후 3~5시	15 ~ 40분	기온 확인
겨울	오전 10~12시 / 오후 2~4시	20 ~ 50분	따뜻한 날 선택

2. 대상별 권장 시간

대상	노출시간	주의사항
소아	3~15분	보호자 동반 필수
성인	5~20분	피부타입 고려
노인	10~40분	체온조절 주의
임산부	5~20분	체온상승 주의

3. 날씨별 조정

날씨	시간조정	권장 사항
맑음	기본 시간	정상 진행
흐림	1.5배 증가	구름양 고려
안개	2배 증가	습도 확인
미세먼지	중지	실내 활동 전환

4. 중단 기준

증상	조치
피부발적	즉시 중단
어지러움	실내 이동
두통	휴식 후 중단
가려움	피부과 상담

햇빛 기록지

날짜: _______년 ___월 ___일　　시간: _______시 _______분 ~ _______시 _______분

기본 정보

날씨: □ 맑음 □ 약간 흐림 □ 흐림

기온: _______℃　　장소: □ 실외 □ 실내(창가) □ 기타(_______)

노출 부위 체크

□ 얼굴　□ 팔(□ 전체 □ 절반)　□ 다리(□ 전체 □ 절반)　□ 기타(_______)

활동 내용

활동 형태: □ 가만히 앉아있기 □ 걷기 □ 기타(_______)

활동 시간: _______분

컨디션 체크

활동 전: 기분: □ 좋음 □ 보통 □ 나쁨　피로도: □ 낮음 □ 보통 □ 높음

활동 후: 기분: □ 좋음 □ 보통 □ 나쁨　피로도: □ 낮음 □ 보통 □ 높음

특이사항

다음 활동 계획

날짜: _______년 ___월 ___일

시간: _______시 _______분

아로마 테라피(비강 흡입)

아로마 테라피는 허브, 꽃 및 기타 식물에서 추출한 농축 에센셜 오일을 활용하여 긴장, 통증, 수면 장애, 스트레스 등을 관리하는 치료법이다. 이는 20세기 초 프랑스의 화학자 르네 모리스 가테포세에 의해 의학적 치료법으로 체계화되었으며, 최근에는 특히 불안과 우울증에 대한 보조 요법으로서 그 활용이 증가하고 있다.

아로마 테라피의 효과는 후각 신경계의 특별한 구조에 기인한다. 후각신경은 대뇌에서 가장 원초적 기능을 담당하는 대뇌변연계와 직접 연결되어 있다. 코를 통해 흡입된 방향족 식물 추출물은 후각계로 직접 신호를 보내고, 후각 분자는 비강-뇌 채널을 통해 뇌로 전달된다. 이는 대뇌 피질, 시상 및 변연계에 작용하여 불안과 우울증 증상을 완화하고 수면의 질을 향상시키는 신경전달물질의 분비를 촉진한다.

구체적인 신경전달 경로를 살펴보면, 향기 물질은 비강의 후각 상피에서 감지된 후 1차 뉴런을 통해 후각구로 전달된다. 이어서 2차 뉴런을 통해 후각 선조체로 들어가 후각 결절, 이상근 피질, 편도체 및 해마를 포함한 중앙 후각 영역으로 전달된다. 최종적으로 시상을 거쳐 안와전두엽 피질로 전달되거나, 전전두엽 피질로 직접 전달되기도 한다.

에센셜 오일의 흡입은 뇌가 세로토닌과 도파민 같은 신경전달물질을 생성하도록 유도한다. 이는 신경 내분비계, 신경생리학적 뇌 활동, 자율신경계의 균형, 다양한 생체지표의 변화를 일으키며, 심리 및 행동에도 긍정적인 영향을 미친다.

실제 적용에 있어서는 디퓨저, 증기 확산기, 공기 중 분무, 손수건이나 거즈를 이용한 직접 흡입 등 다양한 방법이 활용된다. 이러한 과학적 근거를 바탕으로 아로마테라피는 현대인의 정신건강 관리를 위한 효과적인 보완요법으로 자리잡고 있다.

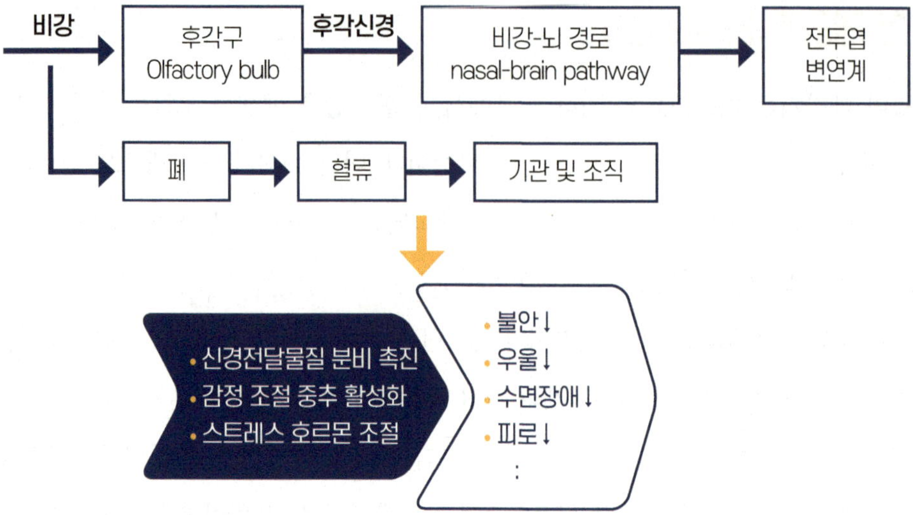

에센셜오일 종류, 효과 (Jieqiong Cui 등, 2022)

에센셜오일 종류	주요 성분	적응증	작용 기전
라벤더 (Lavandula angustifolia Mill.) 정유	Linalyl acetate, linalool, (E)-β- stilbene, limonene	불안, 우울증, 수면 장애	↑: Parasympathetic nervous system ↑: Dopamine receptors subtype D3 ↑: Alpha waves in the brain ↓: NMDA receptors ↓:Serotonin transporter (SERT)
로만카모마일 (Chamaemelum nobile L.) 정유	Angelic acid, tiglic acid, α-pinene, and 2-methyl butanoic acid	불안, 우울증, 수면 장애	↑: Mitochondrial function ↑: Expression of parvalbumin mRNA in hippocampus ↑: Neuroactive ligand- receptor interactions ↑: 5-hydroxytryptamine synapses
베르가못 (Citrus bergamia Risso et Poiteau) 에센셜 오일	Monoterpenes limonene, monoterpene esters, linalyl acetate, and linalool	불안, 우울증, 수면 장애	↑: Synaptic transmission ↑: EEG activity ↑: Neuroprotective effects
레몬밤 (Melissa officinalis L.) 정유	Citral, citronellal, linalool, geraniol and β-caryophyllene-oxide	불안, 우울증, 피로	↑: Dopamine ↑: Serotonin

에센셜오일 종류	주요 성분	적응증	작용 기전
세인트존스워트 (Hypericum perforatum L.) 추출물	Germacrene D, (E)-caryophyllene, 2-methyl octane, α-pinene, hypericin, proto-hypericin	불안, 우울증, 수면 장애	↑: Serotonergic system ↓: Monoamine neurotransmitters
홍경천 (R. rosea L.) 추출물	Cinnamyl alcohol glycosides such as rosin, rosavin, and the phenylethanoid compound salidroside with its aglycone tyrosol	불안, 우울증, 수면 장애, 피로	↑: Neurotransmitters ↑: BDNF/TrkB signaling pathway ↓: Anti-inflammatory action ↓: Glucocorticoid receptor ↓: Activity of HPA axis
Cang-ai 휘발성 오일	Eugenol,1,8-cineole, patchouli alcohol, acetyl eugenol, linalool, linalyl acetate	우울증	↑: Dopamine ↑: 5-hydroxytryptamine

방법

도 구	방 법
손수건 화장솜 거즈	• 에센셜 오일 2~3방울을 손수건이나 티슈에 떨어뜨림. 코에서 약 5cm 거리로 가까이 대고 2~5분간 편안하게 흡입. 하루 1~2회 정도 사용. • 휴대용 사용. 에센셜 오일을 가방이나 주머니에 휴대. 손수건이나 티슈에 1~2방울 떨어뜨리고 향을 맡음. 사람이 많은 곳이나 공기가 탁한 환경에서 기분 전환에 활용
머그컵	• 머그컵에 물을 반 정도 채운다. • 에센셜 오일 1~2방울을 물에 떨어뜨린다. • 코를 가까이 대고 향을 흡입한다. • 향이 약해지면 뜨거운 물을 추가하여 반복한다
오일 워머	• 용기에 찬물이나 따뜻한 물을 70~80% 정도 채운다. • 에센셜 오일 4~5방울을 물에 떨어뜨린다. • 용기 아래에 놓인 양초에 불을 붙여 열로 오일을 데워 향기와 성분을 확산시킨다
디퓨져	• 전동식 디퓨저 활용: 전동식 에어펌프나 초음파 디퓨저를 사용하여 에센셜 오일의 미립자를 공기 중에 확산시킨다. 디퓨저 물통에 물을 채우고 에센셜 오일을 몇 방울 떨어뜨린다. • 자연 확산 도구 활용: 스톤, 우드, 세라믹 등 향기를 흡수하고 천천히 방출하는 도구를 사용한다. 도구 위에 에센셜 오일을 몇 방울 떨어뜨려 은은하게 향을 확산시킨다.

비강 흡입 아로마테라피 기록지

날짜: _______년 ___월 ___일　　시간: _______시 _______분 ~ _______시 _______분

사용 오일

날주 오일: _________ (__방울)　　보조 오일: _______ (__방울)

캐리어 오일: _____ (__ml)

사용 방법

☐ 디퓨저

☐ 직접 흡입

☐ 손수건/티슈

☐ 기타(_______)

상태 체크

시작 전	스트레스: ☐ 낮음　☐ 보통　☐ 높음 기분: ☐ 좋음　☐ 보통　☐ 나쁨
마친 후	스트레스: ☐ 낮음　☐ 보통　☐ 높음 기분: ☐ 좋음　☐ 보통　☐ 나쁨

특이사항

다음 계획

사용 예정 오일: _________

목적: _________________

이완 음악

음악은 인간의 정서를 표현하고 조절하는 강력한 도구로서 오랫동안 활용되어 왔다. 좋아하는 노래를 부르면 행복감이 증가하고, 잔잔한 음악을 들으면 마음이 평온해지는 등 음악이 불안과 스트레스를 감소시키는 효과는 여러 연구를 통해 입증되었다.

음악의 스트레스 감소 효과는 주의 전환 이론으로 설명된다. 음악은 청각적 자극을 통해 부정적 요소로부터 주의를 분산시켜, 보다 긍정적인 자극에 집중하게 만든다. '불교정신치료'를 창시한 전현수 정신과전문의는 인간의 '의식'이 한 번에 한 곳에만 집중할 수 있다고 설명한다. 따라서 스트레스 상황에서 과도하게 증폭된 '생각'을 음악이라는 청각적 자극으로 전환함으로써 심리적 안정을 얻을 수 있다.

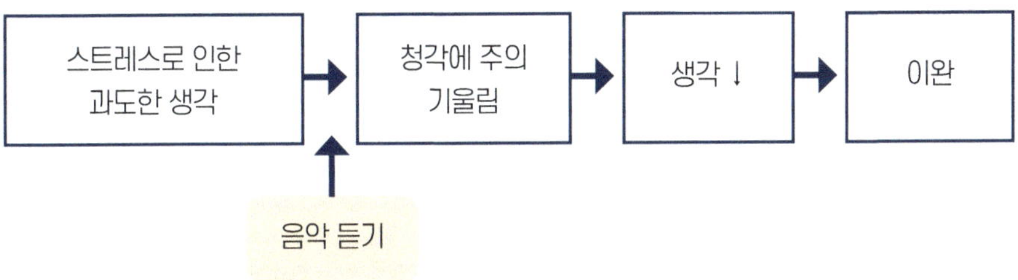

음악이 생리적 영향을 미치는 경로는 매우 정교하다. 청각기관을 통해 유입된 소리는 시상과 망상체를 거쳐 청각신경을 통해 대뇌로 전달된다. 이후 시상과 시상하부 측면의 간뇌를 통해 대뇌 피질 전역과 변연계로 정보가 전달되며, 특히 변연계는 음악적 자극을 강한 정서적 경험으로 전환하여 인간의 감정과 느낌에 직접적인 영향을 미친다.

이러한 과정을 통해 음악은 다양한 생리학적, 심리적 변화를 유도한다. 심박수, 호흡수, 혈압, 코티졸과 같은 스트레스 지표가 감소하고, 불안과 우울이 완화되며, 면역 기능이 향상된다. 또한 감정 뇌의 '쾌락-보상 센터'가 활성화되어 세로토닌, 도파민, 엔돌핀과 같은 행복 호르몬의 분비가 증가한다.

특히 주목할 만한 것은 뇌파의 변화다. 일상생활에서는 주로 긴장 상태를 나타내는 베타파가 우세하지만, 음악 청취를 통해 이완 상태의 알파파가 증가한다. 불안과 우울증 환자들에게서 흔히 나타나는 알파파의 결핍을 음악을 통해 보완할 수 있다는 점은 매우 의미 있는 발견이다.

클래식 음악, 자연의 소리, 명상 음악 등 다양한 장르가 이완과 스트레스 감소에 효과적이지만, 특히 개인이 선호하는 음악을 들을 때 그 효과가 더욱 크게 나타난다는 점은 음악 선택의 개별성이 중요함을 시사한다.

음악이 우리 뇌에 미치는 영향을 신경과학적 관점

음악적 보상 네트워크(Musical Reward Network)

음악을 들을 때 전대상피질, 복내측 전전두피질, 편도체, 해마 등 여러 뇌 영역이 상호작용한다. 이 과정에서 감정 처리가 이루어지며, 시상하부를 통해 다양한 생리적 반응이 나타난다.

- 청각피질에서 소리 인식
- 변연계에서 감정 처리
- 전전두엽에서 인지적 평가
- 보상중추 활성화
- 도파민 분비 시스템 활성화
- 세로토닌 조절
- 옥시토신 분비
- 엔도르핀 방출

옥시토신-사회적 보상 체계(Oxytocin and Social reward pathways)

우리 뇌에서 사회적 상호작용과 관련된 즐거움과 보상을 처리하는 신경 시스템

시상하부에서 시작되는 이 경로는 도파민 신경세포와 연결되어 있다. 이를 통해 음악 감상이 사회적 유대감과 보상 체계를 자극하는 것으로 이어진다.

- 도파민과의 협력
- 세로토닌 조절
- GABA 시스템 영향
- 노르에피네프린 조절

이완 음악의 특징

- 개인 선호도: 본인이 좋아하는 음악일수록 스트레스 해소 효과가 높음.
- 구조적 안정성: 변화가 적고 안정적이며 반복적인 음악 구조를 가짐.

- 느린 템포: 템포가 느려 심박수와 호흡을 안정시키는 효과.
- 레가토 멜로디: 음과 음이 부드럽게 연결되는 레가토 스타일의 멜로디.
- 따뜻한 음색: 현악기(예: 첼로, 바이올린) 또는 목관악기(예: 플루트, 오보에)와 같은 따뜻하고 부드러 운 음색.
- 자연의 소리: 새소리, 물 흐르는 소리, 바람 소리 등 자연의 소리가 포함되어 안정감을 줌.
- 명상 음악: 명상에 적합한 조화롭고 단순한 선율을 포함한 음악.

추천 이완 음악

클래식 음악	• 구노 - Ave Maria • 마스네 - 타이스의 명상곡 • 비발디 - 사계 중 겨울 (2악장) • 바흐 - G선상의 아리아 • 베토벤 - 월광 소나타 (1악장) • 슈베르트 - Ave Maria • 파헬벨 - 캐논 • 모차르트 - Piano Concerto No.21 안단테 • 모차르트 - 바이올린 협주곡 32번	• 부르흐 - 바이올린 협주곡 12번 • 바흐 - 오보에·바이올린 협주곡 2번 • 헨델 - 라르고 • 바흐 - 바이올린 협주곡 2번 • 바흐 - 시칠리아노 • 클로드 드뷔시 - 달빛 (Clair de Lune) • 에릭 사티 - 짐노페디 1번 • 프란츠 슈베르트 - 아베 마리아
뉴에이지 & 영화 음악	• 푸딩 - If I Could Meet Again • 앙드레 가뇽 - Un Piano sur la Mer • 앙드레 가뇽 - Les Jours Tranquilles • 영화 OST - 아웃 오브 아프리카 메인 테마 • 이루마 - River Flows in You • 루도비코 에이나우디 - Nuvole Bianche • 키타로 - Silk Road • 케빈 컨 - Sundial Dreams	• 짐 브릭맨 - Angel Eyes • 제임스 호너 - For the Love of a Princess (영화 브레이브하트) • 한스 짐머 - Time (영화 인셉션) • 존 윌리엄스 - 쉰들러 리스트 테마곡 • 얀 티어센 - Comptine d'un autre été (영화 아멜리에)
자연의 소리, 명상음악	• 스티븐 할펀 - Deep Theta • 도이터(Deuter) - Earth Blue • 리퀴드 마인드(Liquid Mind) - Relaxing Rain and Thunder	• 자연 소리 - 숲 속의 물소리, 파도 소리, 새소리 • 명상 악기 연주 - 팅샤 벨(Tingsha Bell), 싱잉볼(Singing Bowl), 플루트

음악 감상 기록지

날짜: _______년 ___월 ___일 시간: _______시 _______분 ~ _______시 _______분

감상 전 상태

기분: □ 좋음 □ 보통 □ 나쁨
긴장도: □ 높음 □ 보통 □ 낮음
스트레스: □ 높음 □ 보통 □ 낮음

음악 정보

장르: □ 클래식 □ 자연음 □ 명상음악 □ 기타
곡명: _______________
선택 이유: ____________

감상 환경

장소: _______________
자세: □ 앉기 □ 눕기 □ 기타
음량: □ 작게 □ 보통 □ 크게

감상 후 상태

기분: □ 좋음 □ 보통 □ 나쁨
긴장도: □ 높음 □ 보통 □ 낮음
스트레스: □ 높음 □ 보통 □ 낮음

느낀점

____

다음 감상 계획

날짜/시간: _______________ 곡 선정: __________________

음식

스트레스 관리에 도움이 되는 영양소와 식품들을 다음과 같이 분류할 수 있다.

첫째, 세로토닌 생성을 촉진하는 트립토판과 비타민 B6가 풍부한 식품으로는 바나나, 고등어, 연어와 같은 등푸른생선, 견과류, 유제품, 달걀, 칠면조 고기, 그리고 통곡물류가 있다.

둘째, 신경 안정과 근육 이완에 중요한 역할을 하는 마그네슘이 풍부한 식품으로는 시금치를 비롯한 녹색잎 채소, 아보카도, 다크 초콜릿, 호박씨, 퀴노아 등이 있다.

셋째, 스트레스 호르몬인 코르티솔 수치를 낮추는 데 도움이 되는 식품으로는 블루베리, 라즈베리와 같은 베리류, 오렌지, 키위 등 비타민 C가 풍부한 과일, 녹차, 당근, 호박이 있다.

넷째, 뇌 기능 개선과 스트레스 대응력 향상에 도움이 되는 오메가3가 풍부한 식품으로는 고등어, 연어, 정어리와 같은 등푸른생선, 호두와 아마씨 같은 견과류, 해조류, 그리고 아마씨유와 들기름 같은 식물성 오일이 있다.

다섯째, 진정 효과가 있는 것으로 알려진 허브차로는 카모마일, 라벤더, 페퍼민트, 국화차, 루이보스 등이 있으며, 장내 미생물 균형에 도움이 되는 발효식품으로는 요구르트, 김치, 된장 등이 있다.

이러한 식품들의 섭취 시 주의할 점으로는 카페인이 함유된 음료의 제한, 과도한 당분과 정제된 탄수화물의 제한, 규칙적인 식사 시간 유지, 과식 방지, 그리고 저녁에는 소화가 용이한 가벼운 식사를 선택하는 것이 권장된다. 이러한 영양학적 접근은 스트레스 관리에 있어 보조적인 역할을 할 수 있으며, 전반적인 건강증진에도 기여할 수 있다.

트립토판(TRP)의 중요성

트립토판은 8가지 필수 아미노산 중 하나로, 인체 내에서 자체적으로 합성이 불가능하여 반드시 식이를 통해 섭취해야 하는 아미노산이다. 분자식 $C_{11}H_{12}N_2O_2$를 가진 트립토판은 단백질을 구성하는 20개의 표준 아미노산 중 하나로서, 체내에서 주로 세로토닌 경로와 키누레닌 경로를 통해 대사되며, Nad+(조효소) 생합성 경로에도 관여한다.

트립토판은 특히 세로토닌과 멜라토닌의 전구체로서 신경전달물질 합성에 핵심적인 역할을 수행하며, 이를 통해 기분 조절, 수면-각성 주기 조절 등 다양한 생리학적 기능에 관여한다. 세로토닌은 장 신경진달물질로서 연동 운동과 분비 기능 활성화에 중요하며, 장내 미생물은 트립토판의 생산과 대사를 통해 세로토닌에 영향을 미친다.

트립토판 대사의 키누레닌과 세로토닌 경로의 비정상적 활성화는 다양한 신경정신과적 장애와 관련이 있다. 주요우울장애(MDD), 양극성 장애, 조현병 등의 질환에서 트립토판 대사 경로의 비정상적 활성화가 관찰되었다.

이러한 트립토판의 다양한 생리학적 기능을 고려할 때, 적절한 식이 섭취를 통한 트립토판 수준의 유지는 인체의 정상적인 기능 수행에 필수적이라 할 수 있다. 따라서 트립토판이 풍부한 식품의 섭취와 균형 잡힌 영양 관리는 전반적인 건강증진을 위해 중요하게 고려되어야 하며, 이는 스트레스 관리에 있어서도 보조적인 역할을 할 수 있다.

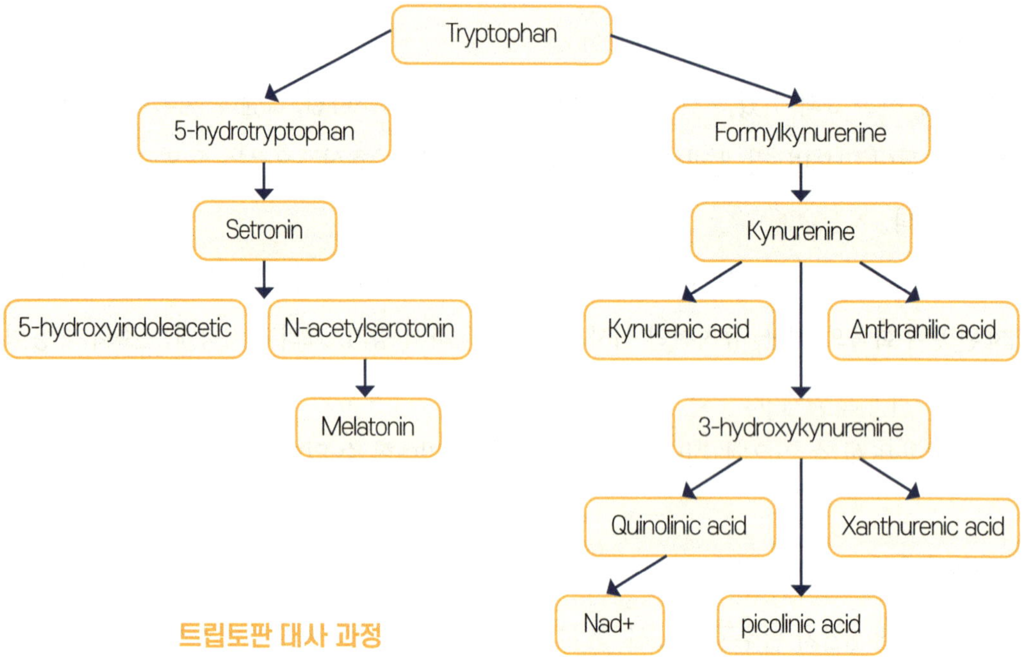

트립토판 대사 과정

트립토판 함유 식품

동물성 단백질	식물성 단백질	과일/채소
칠면조 고기 닭고기 달걀 생선류 우유와 유제품	콩류 견과류 (호두, 아몬드) 씨앗류 (호박씨, 참깨) 귀리 퀴노아	바나나 대추 시금치 브로콜리

성인 기준: 체중 1kg당 약 4mg, 하루 250-425mg 정도 권장

주의 사항
탄수화물과 함께 섭취하면 흡수율↑
과다 섭취 시 부작용이 있을 수 있으니 적정량 섭취
균형 잡힌 식단을 통해 자연스럽게 섭취
트립토판 보충제나 트립토판이 풍부한 식품을 항우울제와 함께 과도하게 섭취할 경우, 뇌에서 세로토닌 수치가 과도하게 증가해 세로토닌 증후군을 유발 할 수 있다.

트립토판이 풍부한 건강한 일일 식단 예시

아침 식사	통곡물 오트밀 (1컵) / 우유 또는 플레인 요구르트 토핑 바나나 슬라이스 / 아몬드나 호두 뿌리기	
오전 간식	견과류 믹스 (30g) : 호두, 아몬드, 캐슈넛 / 제철 과일	
점심 식사	메인 디쉬 고등어구이 또는 연어구이 현미밥 시금치 무침 두부 된장국	사이드 디쉬 계절 샐러드 발효식품 (김치)
오후 간식	요구르트 (1컵) / 견과류 한 줌	
저녁 식사	메인 디쉬 닭가슴살 또는 칠면조 요리 퀴노아 브로콜리 볶음	사이드 디쉬 아보카도 샐러드 발효식품
잠자기 전	캐모마일 차 또는 라벤더 차	

탄수화물과 단백질의 균형 있는 섭취
과도한 카페인 섭취 제한
저녁 식사는 가볍게
하루 중 충분한 수분 섭취
개인의 상황과 기호에 맞게 조절

스트레스 해소 식사 기록지

날짜: ______월 ______일

아침 식사 (____시 ____분)

메뉴: ________________________________

포함된 영양소: □ 트립토판 □ 비타민B □ 마그네슘 □ 오메가-3

기분/컨디션: □ 좋음 □ 보통 □ 나쁨

스트레스 정도(1-10): _____

점심 식사 (____시 ____분)

메뉴: ________________________________

포함된 영양소: □ 트립토판 □ 비타민B □ 마그네슘 □ 오메가-3

기분/컨디션: □ 좋음 □ 보통 □ 나쁨

스트레스 정도(1-10): _____

저녁 식사 (____시 ____분)

메뉴: ________________________________

포함된 영양소: □ 트립토판 □ 비타민B □ 마그네슘 □ 오메가-3

기분/컨디션: □ 좋음 □ 보통 □ 나쁨

스트레스 정도(1-10): _____

간식

종류: ________________________________

섭취 이유: □ 허기 □ 스트레스 □ 기타(_______)

더 읽을 거리

1. 숲 치료(산림욕)

제주 삼다수 숲 산림욕이 맥박과 스트레스에 미친 효과 = Effects of Forest Bathing at Samdasu Forest in Jeju on Pulse and Stress(신방식 외, 한국자연치유학회지, 10권 1호, 33-41, 2021)

산림 피톤치드 효능을 활용한 자연치유 효과에 관한 연구(이보구, 동방대학교대학원, 2012)

암환자 대상 산림치유 프로그램 개발 및 효과 검증(이미미, 충북대학교대학원, 2023)

Effects of forest environment (Shinrin-yoku/Forest bathing) on health promotion and disease prevention —the Establishment of "Forest Medicine"— (Qing Li, Environ Health Prev Med. 2022 Nov 1;27:43)

2. 천연 영양제 햇빛

햇빛을 쬐면 의사가 필요없다(우쓰노미야 미쓰아키, 전나무숲, 2022)

The association between vitamin D serum levels, supplementation, and suicide attempts and intentional self-harm(Jill E 외, PLoS One. 2023 Feb 1;18(2):e0279166)

VitaminD supplementation in a post-pandemic era: A narrative review(Pheagane 외, S Afr Fam Pract (2004). 2023 Oct 17;65(1):5752)

3. 아로마 테라피(비강 흡입)

올댓아로마테라피(우메하라 아야코, 대경북스, 2021)

아로마요법의 스트레스 반응 효과에 대한 메타분석(강현미, 건국대학교대학원, 2018)

에센셜 오일의 물리화학적 특성을 이용한 분류방법 연구(김근아, 국제뇌교육종합대학원대학교, 2021)

The Effects of Aromatherapy on Anxiety and Depression in People With Cancer: A Systematic Review and Meta-Analysis(Dan Li 외, Front Public Health. 2022 May 30;10:853056)

Inhalation Aromatherapy via Brain-Targeted Nasal Delivery: Natural Volatiles or Essential Oils on Mood Disorders(Jieqiong Cui 외, Front Pharmacol. 2022 Apr 12;13:860043)

4. 이완 음악

Music listening and stress recovery in healthy individuals: A systematic review with meta-analysis of experimental studies(Krisna 외, PLoS One. 2022 Jun 17;17(6):e0270031.)

The sound of stress recovery: an exploratory study of self-selected music listening after stress(Krisna 등, BMC Psychol. 2023 Feb 10;11:40)

Biological principles for music and mental health(Daniel L Bowling, Transl Psychiatry. 2023 Dec 4;13:374)

5. 음식

Decreased Gut Microbiome Tryptophan Metabolism and Serotonergic Signaling in Patients With Persistent Mental Health and Gastrointestinal Symptoms After COVID-19.(John W Blackett 외, Clin Transl Gastroenterol. 2022 Aug 31;13(10):e00524.)

Non-Invasive Brain Stimulation Effects on Biomarkers of Tryptophan Metabolism: A Scoping Review and Meta-Analysis(Cristian G Giron 외, Int J Mol Sci. 2022 Aug 26;23(17):9692.)

VII. 생각 줄이기: 명상

니체와 함께 산책을

독일의 시인이자 철학자인 니체는 35세에 건강상의 이유로 교수 생활을 중단하고 자연과 함께하는 사색의 시간을 가졌다. 그는 정신적, 육체적 고통에 맞서기 위해 매일 8시간씩 자연을 벗삼아 산책했다. 이는 '아무것도 하지 않는 시간', 즉 '명상'의 시간이었으며, 니체는 이를 통해 자신과 자연의 경계가 사라지는 합일의 기쁨을 경험했다.

스트레스는 우리의 '생각이 과도하게 증폭되고, 그 생각이 자신의 의지로 통제되지 않을 때 불안으로 이어진다. 이때 필요한 것은 끊임없이 떠오르는 '생각'을 줄이고 '현재'에 집중하는 것이다. 이는 오직 자기 자신만이 할 수 있는 일이다. 붓다 역시 '고(苦)'를 줄이기 위해서는 '현재'에 집중하라고 가르쳤다. 불건전한 생각에 매몰되지 않는 것이 고통을 줄이는 방법이라는 것이다. 생각이 미래에 있으면 불안이 되고, 과거에 있으면 우울이 된다.

과도한 생각을 줄이는 방법으로 '신체 활동'이 매우 효과적이다. 몸을 움직이는 활동은 그 '움직임에 집중'(명상)하게 되므로 불필요한 생각을 줄일 수 있다. 따라서 운동은 신체적 건강뿐만 아니라 정신 건강 관리에도 필수적이다. 또한 자신이 즐기는 '취미활동에 몰입'(명상)하는 것도 도움이 된다. 취미활동에 깊이 빠져들 때 다른 생각들이 자연스럽게 옅어지는 경험을 할 수 있다.

이러한 맥락에서 1977년 존 카밧진이 개발한 마음챙김 명상(MBSR)은 주목할 만하다. 불교의 위빳사나 명상을 현대적으로 통합한 이 방법은 현대 의학에서 중요한 보완대체요법으로 인정받고 있다. 다양한 과학적 연구를 통해 그 치료적 효과와 작용기전이 입증되었으며, 현재 임상에서도 널리 활용되고 있다.

전현수 정신과전문의는 불교와 정신 치료를 접목하여 '불교 정신 치료(2018)' 이론을 확립하였다. 불교 정신 치료에서는 '명상의 효과'를 다음과 같이 설명한다.

1. 마음이 건전한 대상에 가면 정신이 건강해지고 마음이 불건전한 대상에 가면 정신이 불건강 해진다.
   명상 → 집중하고 내려놓는 시스템 구축 → 건전한 대상에 집중, 불건전한 대상 내려놓음 → 정신이 건강해 짐.
2. 명상은 우리 마음이 대상을 '지혜로운 주의'를 갖도록 해준다.
   과거의 일 → 이건 과거다. 과거는 지나갔다(건전한 대상) : 지혜
   → 후회, 부끄러움, 동경(불건전한 대상)
3. 정신이 건강하려면 '유신견'이 없어져야 한다.
   유신견: '내 몸이다, 내 마음이다' 라고 인식하는 것
   명상 → 몸과 마음 관찰 → 몸과 마음은 내 뜻과 상관없이 조건에 따라 변한다.
   → 유신견을 내려놓고 모든 현상은 '생겼다 사라짐'을 이해(지혜)

예) 몸의 병듦 → 아플만한 요소가 존재 → 우리가 존재함으로써 불가피한 현상
→ 자연스럽게 받아들임 → 괴로움↓(지혜)

호흡 명상법

1. 기본 준비 사항

- 편안한 자세로 앉거나 눕기
- 조용하고 안락한 환경 조성
- 휴대폰은 무음 모드로 설정
- 편안한 복장 착용

2. 단계별 호흡 명상 방법

- 1단계: 호흡 인식 (3분)

  자연스러운 호흡에 집중

  들숨과 날숨 관찰하기

  어디서 호흡이 느껴지는지 알아차리기
- 2단계: 횡격막호흡 연습 (5분)

  한 손을 배에 올리기

  코로 천천히 들이마시며 배 부풀리기

  입으로 천천히 내쉬며 배 내리기

  4초 들이마시고 2초 멈추기, 6초 내쉬기
- 3단계: 집중 호흡법 (7분)

  들숨에 '들어온다', 날숨에 '나간다'고 느낌

  생각이 떠오르면 부드럽게 호흡으로 돌아오기

  판단하지 않고 관찰하기

3. 마무리

- 천천히 깊은 호흡 3회
- 손가락 끝부터 몸 움직이기
- 눈을 뜨기 전 잠시 감사한 마음 가지기

하루 10~15분 연습

규칙적인 시간에 실행

스트레스 상황에서 3회 깊은 호흡

억지로 하지 않기

꾸준히 실천하기

명상 활동 기록지

날짜: ____년 __월 __일　　시간: ____시 ____분

기본 정보

장소: □ 실내 □ 실외
자세: □ 앉기 □ 걷기 □ 눕기
시간: ____분

상태 체크

시작 전:
마음 상태: □ 안정 □ 불안 □ 혼란
몸의 긴장도: □ 낮음 □ 보통 □ 높음

마친 후:
마음 상태: □ 안정 □ 불안 □ 혼란
몸의 긴장도: □ 낮음 □ 보통 □ 높음

집중 대상

□ 호흡　□ 몸의 감각　□ 걷기　□ 소리　□ 기타(______)

특이사항 :

다음 계획

시간: ____분
방법: _________
목표: _________

더 읽을 거리

불교정신치료 강의(전현수, 불광미디어, 2018)

니체와 함께 산책을(시라토리 하루히코, 다산초당, 2021)

Mindfulness and Behavior Change(Zev Schuman-Olivier 외, Harv Rev Psychiatry. 2020 Nov-Dec; 28(6): 371–394.)

스트레스, 불안, 공황장애 self-care 가이드

부교감신경 활성화!

1판 1쇄 2025년 2월 24일

저자 김미화
발행인 이경화

발행처 디자인21
주소 04560 서울특별시 중구 퇴계로 293-1 3층
전화 02-2269-6561(대)
팩스 02-2269-6568
e-mail 21publish@naver.com
블로그 https://blog.naver.com/publish21
인스타 https://www.instagram.com/21publish.co.kr
홈페이지 http://21publish.co.kr

등록번호 제1-1128호
등록일자 1991. 2. 12

ISBN 978-89-6131-169-4 03370

정가 18,000원